ALISE-SAINTE-REINE

AVANT ET APRÈS

L'ÈRE CRÉTIENNE.

TOULOUSE. — IMPRIMERIE DE J.-B. CAZAUX, ÉDITEUR,
PETITE RUE SAINT-ROME, 1.

ALISE-SAINTE-REINE

(Côte-d'Or)

AVANT ET APRÈS

L'ÈRE CHRÉTIENNE

PRÉCIS HISTORIQUE ET CRITIQUE

Se vend au profit de l'œuvre de la restauration de l'ancienne
église des Cordeliers,

ALISE-SAINTE-REINE

1858.

AVANT-PROPOS.

—

L'opuscule qu'on va lire a été composé pour le profit de la bonne œuvre entreprise à Alise-Sainte-Reine, dans le but de restaurer l'ancienne chapelle des Cordeliers de cette localité. Cet oratoire est destiné à redevenir, autant que possible, ce qu'il fut avant la révolution, nous voulons dire le sanctuaire du pèlerinage en l'honneur de sainte Reine, martyre et patronne de la contrée.

Nous y présentons un résumé de l'histoire de ce bourg, devenu célèbre par le siége qu'en fit Jules César, cinquante-deux ans avant l'ère chrétienne. C'est un des drames les plus émouvants de la conquête des Gaules par les Romains. Nous laissons raconter ce prodigieux fait d'armes par un de nos plus savants et de nos plus éloquents historiens contemporains. Nous répondons ensuite aux principales objections qui tendaient naguères à déplacer le théâtre de cette guerre pour le transporter dans l'ancienne Franche-Comté.

Puis nous esquissons l'histoire de Sainte-Reine qui est venue ajouter au lustre de la célébrité gauloise et romaine un éclat plus pur, une illustration surtout plus féconde en précieux résultats.

Enfin, pour chacune des deux parties de notre opuscule, nous devons déclarer que nous avons fait un séjour de plusieurs mois à Alise-Sainte-Reine en

1857, que nous en avons étudié les sites et les monuments historiques. Nous ajoutons, *pour certains motifs*, que, par notre origine et par notre résidence habituelle, nous sommes étranger à la Bourgogne. La vérité seule a donc pu être notre guide impartial.

L'Abbé J.-B.-E. Pascal,

Chanoine honoraire, membre du clergé de Paris, ancien correspondant du Comité ministériel des arts et monuments, auteur de plusieurs ouvrages d'érudition ecclésiastique et archéologique.

ALISE-SAINTE-REINE

AVANT ET APRÈS

L'ÈRE CHRÉTIENNE.

PREMIÈRE PARTIE.

Le voyageur qui va de Paris à Lyon par la voie ferrée ou par la grande route qui relie ces deux nobles cités, après avoir laissé à sa gauche la ville de Montbar, illustrée par le célèbre Buffon, arrive, en parcourant encore 15 ou 16 kilomètres, au village des Laumes. Si l'histoire de notre ancienne Gaule lui est inconnue, ce voyageur ne verra là qu'une vaste plaine entourée de côteaux élevés, sillonnée par le canal de Bourgogne, arrosée par les rivières de Brenne, d'Ose et d'Oserain, qui, réunies en ce lieu, portent leurs eaux dans l'Armançon. On n'ignore pas que ce dernier cours d'eau va rejoindre l'Yonne, un des principaux affluents de la Seine.

Cette appellation topographique de Laumes ne pourra faire soupçonner au voyageur aucun fait historique, s'il ignore le nom latin dont il est une dérivation. Tout dans ce vaste panorama ne fait naître dans son esprit que des idées de prospérité agricole, de riantes perspectives, de vues pittoresques. Et pourtant c'est en réalité la plaine des LARMES, *vallis* ou *planities lacrymarum*. On dirait que le patois bourguignon a voulu cacher sous cette altération l'un des plus sanglants désastres de notre vieille patrie, pour écarter le contraste de cette belle et imposante nature avec les pleurs qu'y fit couler la terrible lutte engagée par les vaillants Gaulois de Vercingétorix contre Jules César à la tête de ses invincibles légions. Ceci nous fait remonter à l'an 52 avant l'ère chrétienne. Nous aurons à décrire ce grand événement, quand nous aurons présenté quelques notions préliminaires.

La plaine célèbre, d'où la station du chemin de fer tire son nom, s'étend depuis le village des Granges, situé à l'ouest de celui des Laumes et au-delà du canal de Bourgogne, jusqu'à Pouillenay, en remontant le cours de la Brenne, c'est-à-dire du nord au sud, pendant 4 kilomètres et demi. De l'ouest à l'est, sa largeur est d'environ 3 kilomètres. En ce sens, elle est bornée au nord par l'Ose, et au sud par l'Oserain.

En portant ses regards dans la direction de l'ouest à l'est, on voit se dresser une montagne isolée, sur la déclivité de laquelle est bâti le bourg d'Alise-Sainte-Reine. C'est le mont Alise vulgairement appelé le mont Auxois. Sur le plateau de ce mont, qui a une élévation de 400 mètres au-dessus du niveau de la mer et d'environ 150 mètres au-dessus de la plaine, existait la ville si fameuse d'Alésia dont parle César au livre VII de ses Commentaires.

Quelle fut l'origine de cette cité? S'il faut tenir compte de quelques traditions mythologiques, elle aurait été construite, selon Diodore de Sicile, par Hercule le tyrien. Alésia, selon ces récits, fut bâtie grande et magnifique et devint le foyer et la ville-mère de toute la Gaule. Hercule l'habita, et, par ses mariages avec des filles de rois, la dota d'une génération forte et puissante. Cependant lorsqu'il eut quitté la Gaule, pour passer en Italie, Alésia déchut rapidement; les sauvages des contrées voisines s'étant mêlés à ses habitants, tout rentra peu à peu dans la barbarie (1).

Il est généralement reconnu que l'idolâtrie régnait dans les

---

(1) On lit ces détails dans l'*Histoire des Gaulois*, par M. Amédée Thierry, tome 1, chap. 1 de la 1re partie. Il a ainsi analysé le récit de Diodore de Sicile, célèbre historien grec, contemporain de César et d'Auguste.

Gaules en même temps que la religion des Druides. Elle y avait été apportée par les colonies phéniciennes, ce qui est confirmé par la tradition que nous venons d'exposer. On y connaissait donc la déesse Isis adorée par les Egyptiens. Alise semblerait donc n'être autre chose dans son étymologie que la ville d'Isis et la rivière qui coule à ses pieds ne serait à son tour que celle d'Isis, sous le nom altéré d'Ose. On sait que le conquérant romain imposait des noms latins à diverses localités. Alisis serait donc devenu Alésia. Il n'y a rien d'étonnant dans cette hypothèse (1). La rivière d'Ose-

---

(1) Nous inclinons beaucoup à croire que la même origine s'applique à divers lieux qui en France portent des noms analogues. Tels sont Alaise (Doubs), Alais (Gard), Alisay (Eure), Alissas (Ardèche), Alissan (Drôme), Aluze (Saône et Loire), etc. On sait bien que notre langue retient encore, surtout pour les jours de la semaine, les noms des divinités païennes; lundi, la lune; mardi, mars; mercredi, mercure; jeudi, jupiter; vendredi, vénus. Le village d'Issy, près Paris, ne porte-t-il pas le nom d'Isis? Mercurey (Saône et Loire), le nom de Mercure? Mercoire (Lozère), le nom du même dieu de la fable? On pourrait en citer un nombre très considérable, tant il est vrai que la mythologie païenne avait poussé de profondes racines dans notre sol gaulois. Pour revenir à l'appellation d'Alise, il est digne de remarque qu'en d'autres contrées fort éloignées de la France il existe des localités qui portent un nom analogue. Nous nous contentons de signaler la ville d'Alessio ou Alise, orthographiée comme la nôtre, mais se prononçant à l'italienne, *Alisé*. Elle possède un siége épiscopal en Albanie, qui est l'ancienne Illyrie et appartient à l'empire turc. Son nom latin est *Alesia* ou *Alexia*. On y voit le tombeau du fameux général Scanderberg ou plutôt Scanderbeg, mort en 1467. Sans nul doute, ce nom n'a d'autre origine que le culte idolâtrique de la déesse Isis. Elle est bâtie sur une éminence, de même que notre Alise-Sainte-Reine et que le bourg d'Alissan ou Alisan (Drôme), plus haut cité.

Il est utile d'observer, au sujet de l'Ose, qu'on a écrit bien souvent et encore même aujourd'hui quelquefois la Lose ou Loze. M. Amédée Thierry fait dériver ce nom du latin *lutosa*, rivière bourbeuse. Ce cours d'eau n'est pas plus chargé de limon que tout autre. Il en est de cette rivière comme de celle du Lot, affluent de la Garonne. Le Lot est en latin *Oldus*, *Oltis*, traduits en français par Old, Olt. On a donc dit d'abord l'Olt, l'Ot, et on a fini par y attacher l'article, ce qui a fait Lolt et par suite Lot et le Lot. Ainsi ce fut d'abord, selon nous, au pied du mont Auxois la rivière d'Isis, puis d'Osis et d'Ose, c'est-à-dire *la* Ose dont on joignit l'article *la* avec le nom et il en résulta, sans apostrophe, Lose et même la Lose, comme pour

rain ne saurait être qu'un souvenir d'Osiris, époux de la déesse Isis. Sous ce nom les Egyptiens adoraient Jupiter, Bacchus, le soleil ou Phœbus, et Isis; en ce cas, était la lune ou Phœbé.

S'il était permis d'étudier, selon ce système, les noms de certaines localités voisines d'Alise, on verrait dans Vénaray, la déesse Vénus; dans Pouillenay, le dieu Apollon, car en latin c'est *Apolliniacum* dont on a fait en l'abrégeant *Poliniacum*, de là les noms de Poligny, Polignac et plusieurs autres. Ménétreux, selon quelques-uns, serait le lieu de Minerve. La montagne qui s'élève entre les Laumes et ce dernier village porte encore le nom de Mont Rhéa, déesse fille du ciel et de la terre, mère de Saturne dont Jupiter était censé le fils. D'autre part, nous trouvons un souvenir du culte des Druides, dans le mont Druaux, entre Alise et Flavigny. Il va sans dire que nous ne prétendons pas garantir toutes ces étymologies, car il est trop facile de se créer des illusions à cet égard. Si pourtant on veut bien songer que notre ancienne Gaule avait donné un facile accès aux idées païennes, qui s'amalgamaient avec les croyances nationales, on ne sera pas surpris de ce qui vient d'être dit (1). Lorsqu'on sait comment nos devanciers sur cette même terre que nous foulons étaient engagés dans la voie du mensonge et de l'erreur, comment, dans les Gaules, comme en Egypte et sur les bords du Tibre et aux pieds du mont Parnasse, tout était Dieu excepté Dieu lui-même, suivant le mot célèbre de notre immortel Bossuet,

---

le Lot. On est revenu, dans le XVIIIe siècle, à la véritable orthographe du nom de cette rivière et l'on a écrit l'Ose, de même qu'on pourrait le faire un jour dans les montagnes de la Lozère en écrivant l'Ot ou l'Olt. Du reste les bords de cette dernière rivière se nomment encore et s'écrivent les rives d'Olt, Saint-Laurent de rive d'Olt, etc.

(1) César le dit formellement, dans le livre 6 de ses Commentaires, chapitre 17 : « Les Gaulois reconnaissent les dieux des autres peuples et ils ont » de ces dieux à peu près les mêmes idées que le reste du monde. »

on est aisément porté à croire qu'il n'y a rien d'impossible dans ces origines des noms de localités. On est bien d'ailleurs forcé de convenir que ces origines sont basées sur quelque chose de réel. L'histoire sincère et authentique n'a pas toujours dédaigné ces étymologies quand elles s'appuient sur des faits irrécusables.

Quoiqu'il en soit pour le moment, Alis ou Alise, en l'an 52 avant notre ère de grâce, était une ville, ainsi que la qualifie César : *Prospecto URBIS situ*. Sa position sur une montagne isolée de toutes parts, comme il a été dit, en faisait une des plus fortes places de la Gaule. Elle était la capitale des Mandubes ou Mandubiens, peuples alliés ou clients des Eduens, qui étaient les plus riches et les plus puissants de la nation. On a cherché à placer ces Eduens ou Edues en plusieurs contrées souvent fort éloignées de la Bourgogne, mais ces systèmes de géographie ancienne n'ont jamais pu prendre une consistance solide, et nous croyons bien qu'on n'y réussira jamais. Bibracte, aujourd'hui Autun, était la ville principale des Eduens. On a encore longtemps disputé sur ce point, mais les savants ont fini généralement par la reconnaissance de ce fait. Ajoutons qu'à l'époque dont nous parlons, Lyon n'existait pas encore, que Dijon était à peine une station militaire, et que Paris n'était alors qu'une bourgade de pêcheurs. La fondation d'Alise semblerait donc remonter à plusieurs siècles avant l'ère chrétienne et surpasserait même la haute antiquité dont se glorifient Rome, Marseille, Ravenne, etc. Au moment où César en fit le siége, cette ville était de nouveau arrivée à son plus haut degré d'importance. Mais n'ayons pas la puérile témérité de comparer l'état de cette ville gauloise, dans son plus haut point de prospérité, avec ce que nous présentent de nos jours nos cités florissantes. Il est besoin de se reporter à ces temps, qui, comparativement à notre civilisation chrétienne, étaient des époques de barbarie. Que peut-on attendre d'un peuple livré à la superstition druidique mêlée des croyances non moins absurdes, importées des rives du Nil et du Tibre? Ce que nous y reconnaîtrons volontiers c'est un amour fortement prononcé de son indépendance, jaloux jusqu'au plus ardent fanatisme de sa liberté et ne reculant devant aucun sacrifice pour s'y maintenir contre l'envahissement des Romains, qui avaient juré la conquête du monde entier. C'est cette lutte suprême qui a immortalisé le nom d'Alise, le dernier et le plus fort rempart de cette indépendance.

Nous voici donc arrivés à ce mémorable siége raconté dans le livre VII des *Commentaires* de César. Nous aurions pu reproduire ici intégralement le récit émané de la plume de ce fameux conquérant, ou bien en emprunter la narration aux savants historiens tels que Crévier, continuateur de Rollin, Anquetil, et plusieurs autres qui ont étudié les faits et les lieux. Nous avons préféré, croyons-nous, à juste titre, le tableau animé que nous en offre l'historien des Gaulois, notre illustre contemporain M. Amédée Thierry (1). Tout lecteur, familiarisé avec le texte latin de César, verra dans cet éloquent morceau, non pas une traduction servile des *Commentaires*, mais un récit rapide et savamment circonstancié de cet épisode, l'un des plus émouvants de la conquête des Gaules. Plus tard nous aurons à répondre à des systèmes qui ont en ce moment la prétention de placer au-delà de la Saône, dans la Franche-Comté, le théâtre de la lutte de Vercingétorix contre César.

Ecoutons la narration de M. Amédée Thierry, en disant d'abord avec lui que César était parti avec ses légions pour la Séquanie (Franche-Comté), en suivant les limites du pays des Lingons (Langres), et que Vercingétorix, général en

---

(1) *Histoire des Gaulois, depuis les temps les plus reculés jusqu'à l'entière soumission de la Gaule à la domination romaine.* Tome III, pages 175 et suivantes, édition de Paris, Sautelet et compagnie, 1828.

L'auteur du présent opuscule a connu M. Amédée Thierry, originaire de Blois, ainsi que son père, bibliothécaire de cette ville, durant les années 1834, 1835 et 1836.

chef des Gaulois, voulut s'opposer à sa marche; que sur ces limites ou confins des Lingons eut lieu une sanglante bataille où les Gaulois mis en déroute levèrent le camp et se portèrent vers Alise capitale du pays des Mandubes ou Mandubiens; que César ne perdit pas un instant et se mit à la poursuite des Gaulois, leur tua près de trois mille hommes, et campa le lendemain sous les murs de la place. Les deux armées suivirent dont, selon toute apparence, les rives de la Brenne qui arrose Montbar, et arrivèrent aux Laumes. Certains écrivains tracent aux deux armées une route différente par les plateaux des montagnes situées au nord d'Alise, mais qu'importe? Les Gaulois arrivent à Alise, et les Romains les y suivent. Voici maintenant le texte fidèle d'Amédée Thierry.

« Alésia, renommée parmi les forteresses de la Gaule, jouissait, comme on sait, de plus d'un genre de célébrité: les vieilles traditions galliques, d'accord avec les traditions phéniciennes et grecques, lui donnaient pour fondateur Hercule, ou plutôt le peuple tyrien dont ce dieu conquérant était le symbole. Ainsi que Gergovie (Clermont en Auvergne), Alésia était située sur le plateau d'une montagne, mais d'une montagne plus haute et plus escarpée. Deux petites rivières coulaient au pied, et, se réunissant près de là, à l'ouest de la ville, laissaient entre leur confluent et la montagne une plaine de trois mille pas de long (1); une ceinture de collines de hauteur égale, et séparée par des intervalles étroits, environnait toute la vallée. Le camp gaulois, muni d'un fossé et d'un rempart de six pieds de haut, occupait sous les murailles de la ville la

---

(1) Le lecteur qui connait les lieux voit dans cette plaine celle des Laumes qu'un des champions d'Alaise en Franche-Comté représente comme s'étendant de Montbar à Pouillenay pendant près de 20 kilomètres!!! Avant de décrire un lieu, il faudrait au moins en avoir connaissance... M. le commandant de Coynart demande à son adversaire pourquoi il ne prolongerait pas cette plaine jusqu'au Hâvre...

partie de la montagne tournée à l'est; sa force en infanterie était de quatre-vingt mille hommes, et il comptait environ dix mille cavaliers échappés aux désastres de la bataille et de la retraite. Une armée si nombreuse sous une ville si bien située, défiant toute attaque de vive force, César conçut la prodigieuse idée de réduire par un même blocus à la fois l'armée et la place. Il fit commencer une ligne de circonvallation de onze milles de circuit; il établit plusieurs camps, et vingt-trois forts s'élevèrent, où des postes furent disposés contre les attaques subites des assiégés; la nuit, ces forts devaient servir de retraite aux piquets de garde.

» Vercingétorix reconnut qu'il avait commis une grande faute en concentrant toutes ses forces sur un seul point; pour les réparer autant que possible, et arrêter les progrès de cette barrière qui s'étendait autour de lui, il fit descendre sa cavalerie dans la plaine comprise entre le pied de la montagne et le confluent des deux rivières, avec ordre d'engager le combat, qui fut meurtrier et opiniâtre des deux côtés. L'avantage était enfin aux Gaulois, lorsque César rangea ses légions en bataille devant le retranchement. La présence des légions anime les cavaliers romains; les Gaulois rompus et en déroute se retirent vers leur camp; mais, dans leur précipitation, ils s'entassent aux portes trop étroites pour leur nombre, et ferment le passage à leurs compagnons. Les Germains qui les poursuivent vivement en font un grand carnage. César, pour profiter du désordre, avance avec les légions.

» A cette vue, les Gaulois de l'intérieur du camp s'effraient et crient aux armes; quelques-uns des plus épouvantés courent se réfugier dans la ville, et Vercingétorix est obligé de faire fermer les portes du camp. Cependant l'ordre ne tarde pas à se rétablir. César renonce alors à attaquer et revient sur ses pas, la cavalerie germaine le suit, ramenant beaucoup de chevaux, et ayant tué beaucoup de monde.

» Vercingétorix mettait dans sa cavalerie ses plus vives espérances ; trahi par elle deux fois coup sur coup, il prit une résolution qui dénotait déjà bien du découragement. Avant que les lignes des assiégeants fussent terminées, il la convoqua au milieu de la nuit, exposa les dangers pressants de sa situation, et recommanda à chaque cavalier en particulier de se rendre dans son pays, afin d'appeler aux armes toute la population en âge de combattre. Il leur remémora ce qu'il avait fait pour la Gaule, les conjurant de pourvoir à sa sûreté, de ne pas l'abandonner au supplice et à la merci de l'ennemi, lui qui s'était dévoué si pleinement pour la cause publique ; c'était sa vie qu'il fallait sauver, c'était la vie de quatre-vingt-mille hommes d'élite qui périraient avec lui. Il ajouta qu'il avait des vivres pour trente jours ; qu'à la rigueur même il pourrait les faire durer un peu plus longtemps. Cela dit, il les congédia à la seconde veille, et les cavaliers, passant par l'intervalle que laissaient encore les ouvrages romains, s'éloignèrent d'Alésia. Pour lui, il se retira dans la ville avec son infanterie, se fit livrer tous les grains qui s'y trouvaient, prononça la peine de mort contre quiconque les récèlerait, et partagea par tête le bétail dont les habitants avaient fait grande provision. Le blé fut distribué à jours fixes et avec épargne, et l'on attendit avec résignation une prompte délivrance ou les horreurs d'une famine prochaine.

» César instruit de ces dispositions par les transfuges et les captifs poussa avec un redoublement d'activité les travaux des lignes. Il faisait creuser d'abord un fossé de vingt pieds de large dont les côtés étaient à pic et le fond égal à l'ouverture. Tous les autres ouvrages étaient placés à quatre cents pas en arrière de ce fossé ; afin de prévenir les attaques subites ou les irruptions nocturnes, et de garantir durant le jour les travailleurs romains, car la circonférence de la ligne était si grande que les soldats pouvaient difficilement garnir les défenses. Dans l'espace intermédiaire, César tira encore deux fossés de quinze pieds de large et d'autant de profondeur, et dans celui qui était intérieur et traversait un terrain bas et inculte, il fit venir les eaux de la rivière; derrière il éleva une terrasse avec un rempart de douze pieds, il y ajouta un revêtement de claies avec des créneaux, et, à la jonction du rempart et du parapet, une fraise et une palissade formée de gros troncs d'arbres fourchus et saillans, pour empêcher l'ennemi de monter; tout l'ouvrage fut flanqué de tours, à quatre-vingts pieds de distance l'une de l'autre.

« Les soldats romains devaient à la fois aller chercher des grains et des fourrages fort au loin (César leur avait ordonné de s'en pourvoir pour trente jours), couper les bois de construction et travailler aux retranchements, ce qui diminuait beaucoup le nombre des troupes dans le camp; souvent même les assiégés attaquaient les travailleurs, et faisaient des sorties vigoureuses par plusieurs portes. Pour parer en partie à ces inconvénients, César voulut ajouter de nouvelles défenses aux retranchements, afin qu'ils fussent gardés plus aisément et par moins de monde. D'après ses ordres on prit des troncs d'arbres dont on retrancha les branches les plus faibles, ils furent passés au doloir et aiguisés par le sommet; on les enfonça et on les fixa au pied en les liant l'un à l'autre dans une tranchée large et profonde de cinq pieds; ils sortaient depuis la naissance des branches; il y en avait cinq rangées qui se touchaient et s'entrelaçaient. En avant, César fit encore creuser des fosses de trois pieds de profondeur disposées en échiquier, et étroites par le bas; on y plantait des pieux gros comme la cuisse, aiguisés au feu par le haut, la pointe ne sortait de terre que de quatre doigts, la terre, autour de la tige, était foulée avec les pieds pour consolider l'ouvrage, et le reste était recouvert, à la surface, de ronces et de branchages, pour cacher le piége. Il y en avait huit rangs, distants de trois pieds, et les soldats les appelaient des lis, à cause de leur ressemblance avec cette fleur. Plus avant encore il fit enfoncer en terre et semer partout, à peu de distance les unes des autres, des chausse-trapes d'un pied de long, armées de pointes de fer ou aiguillons. Ce n'était là que la plus petite moitié de ces ouvrages prodigieux; ils furent exécutés une seconde fois en contrevallation, du côté de la campagne, afin de mettre le camp à l'abri des attaques du dehors. Le niveau fut suivi autant que le permit la nature du terrain; le circuit total était d'environ quatorze milles; tout cela fut terminé en moins de cinq semaines et par moins de soixante mille hommes.

« Mais ce n'est pas seulement sous les murs d'Alésia, dans les rangs des agresseurs, que s'opéraient des prodiges d'activité; ce n'était pas là seulement qu'on veillait; que la sueur coulait à la peine, qu'on se préparait par d'immenses travaux à une grande et dernière lutte. Les paroles de Vercingétorix avaient retenti comme le cri de détresse de la patrie elle-même. La crainte, la douleur, la haine, la vengeance, avaient rallié dans une seule volonté, pour un seul effort, depuis la Garonne jusqu'au Rhin, depuis les Alpes jusqu'à l'Océan, toutes ces nations naguère si divisées. Une assemblée générale s'était tenue, où le Nord, le Centre et l'Ouest avait envoyé également leurs représentants. L'ordre donné par Vercingétorix d'armer la population en masse avait été discuté et rejeté, à cause des délais qu'entraînerait une telle opération et de l'impossibilité de faire agir sans confusion et même de nourrir des masses aussi énormes; on avait préféré fixer à chaque nation un contingent qu'elle fournirait immédiatement.

(Ici nous omettons le dénombrement des peuples de la Gaule dont chacun devait fournir un nombre fixé de combattants. Il suffit de dire qu'environ quarante-cinq diverses tribus ou nations formèrent une armée très nombreuse. Laissons continuer notre historien).

» Deux cent quarante mille fantassins et huit mille cavaliers se rassemblèrent sur la frontière éducane, qui était leur point de réunion (c'est-à-dire près des frontières du

puissant peuple dont Bibracte, Autun, était la capitale).
On y fit le dénombrement de l'armée, et on choisit des
chefs. Le commandement fut déféré à Comm l'Atrébate (du
pays d'Arras) aux Eduens Virdomar et Eporédorix et à Vergasillaune, arverne (auvergnat) et parent de Vercingétorix,
on leur donna un conseil militaire formé de membres pris
dans chaque cité. Dans ce conseil sans doute figura le brave
et malheureux Ambiorix qui n'apportait sous les drapeaux
de la Gaule que son épée et sa vie, car son peuple avait
été détruit. Les choses étant ainsi organisées, les Gaulois,
pleins de confiance et d'ardeur, se mirent en marche vers
Alésia.

» Quelque activité qu'eussent déployée les chefs et les
peuples de la Gaule, les trente jours fixés par Vercingétorix
étaient passés; et déjà dans la place la disette devenait
extrême. Prisonniers comme ils étaient dans une double
enceinte, séparés du monde entier, les assiégés ne savaient
rien de ce qui s'était fait au dehors, et l'incertitude augmentait encore l'horreur de leur situation. Quelques jours
s'écoulèrent dans l'attente; mais enfin le conseil s'assembla
pour prendre une résolution définitive.

» Plusieurs projets furent discutés. Quelques-uns inclinaient à capituler, la plupart à tenter une sortie générale,
tandis que leurs forces n'étaient pas encore épuisées. Critognat, arverne d'une haute naissance et d'une grande autorité, combattit avec chaleur ces avis et en ouvrit un d'une
énergie vraiment effrayante « Je ne refuterai pas, dit-il,
» ceux qui prétendent appeler capitulation une lâche et
» abjecte servitude; de tels hommes, je pense, ne doivent
» être comptés au nombre des citoyens, ni admis dans cette
» assemblée; je m'adresse à ceux qui proposent une sortie;
» ceux-là du moins conservent quelque ombre de notre
» ancienne vertu. Mais il y a faiblesse encore à ne savoir
» pas supporter quelques jours de disette; les hommes qui
» bravent la mort sont moins rares que ceux qui s'offrent
» aux douleurs et à la souffrance, et je serais de ce nombre

» (car à moi aussi la dignité de ma personne m'est chère),
» si je ne voyais ici d'autre perte que celle de la vie. Dans
» le parti que nous devons prendre, considérons toute la
» Gaule, que nous avons appelée à notre délivrance, et
» quel, pensez-vous, sera le courage de nos parents et de
» nos amis lorsqu'ils arriveront, et qu'ils trouveront sur le
» même champ de bataille où ils devront combattre, les
» corps de quatre-vingt mille hommes qu'ils étaient venus
» secourir? Ne privez donc pas de notre soutien ceux qui,
» pour notre salut, ne craignent pas de s'exposer à tous les
» dangers; et par précipitation, par imprudence, par pusil-
» lanimité, n'allez pas livrer la patrie à l'avilissement d'un
» esclavage perpétuel. Parce qu'on n'est pas arrivé à jour
» fixe, vous voulez douter de la constance et de la foi publi-
» que! Mais quoi! quand vous voyez tous les jours les
» Romains ajouter au dehors et au loin des fortifications
» nouvelles, pensez-vous qu'ils s'exercent seulement pour
» nous tenir en haleine? Que cela vous suffise. Si tous les
» chemins vous sont fermés pour avoir des rapports directs
» de la prochaine arrivée des nôtres, croyez-en ces témoi-
» gnages; ils vous disent assez que notre salut approche et
» que l'inquiétude et l'effroi retiennent l'ennemi jour et
» nuit au travail. Quel est donc mon avis? de faire ce qu'ont
» fait nos ancêtres dans leur guerre, bien moins funeste
» contre les Kimris et les Teutons. Forcés, comme nous,
» d'abandonner leurs campagnes et de se renfermer dans
» leurs murailles, plutôt que de se rendre, faute de vivres,
» ils surent soutenir leur vie avec les corps de ceux que
» l'âge ou leur faiblesse rendait inutiles à la défense; et si
» cet exemple nous manquait, je dirais que, pour la cause
» de la liberté, il serait glorieux de le transmettre à nos
» descendants. Y eut-il jamais rien à comparer à la guerre
» que nous supportons? Les Kimris (les Cimbres) quand ils
» eurent ravagé la Gaule et couvert notre pays de deuil et
» de désastres, s'éloignèrent enfin de nos foyers; ils allè-
» rent en chercher d'autres à dévaster, ils ne nous enlevè-

» rent pas nos lois, nos mœurs, nos biens ; la liberté nous
» resta. Mais les Romains, que veulent-ils? Que cherchent-
» ils? L'avarice et l'envie les amènent; ceux que la renom-
» mée leur a fait connaître comme fameux et puissants par
» les armes, ils veulent s'établir sur leur territoire, s'em-
» parer de leurs champs, de leurs demeures, et leur impo-
» ser le joug d'une éternelle servitude; ils n'ont jamais fait
» la guerre avec d'autres desseins; et si vous ignorez quelle
» est leur politique dans les contrées lointaines, voyez la
» Gaule qu'ils ont réduite en province, elle a perdu ses
» lois, ses coutumes; elle est soumise aux haches et aux
» faisceaux, sous le poids d'un esclavage qui ne doit plus
» finir. »

« Un murmure d'horreur et en même temps d'approba-
tion accueillit les paroles du chef Arverne ; on s'écria de
toutes parts qu'un tel parti était préférable à une capitulation, mais qu'avant de s'y résoudre, il fallait épuiser les
dernières ressources. On exécuta alors une mesure moins
révoltante que la mesure proposée par Critognat, quoique
non moins inhumaine dans le fond; on fit sortir de la place
toutes les bouches inutiles. Les Mandubes, citoyens d'Alésia,
avec leurs femmes et leurs enfants, se virent chassés de
leur ville par les soldats. Pleurant et poussant des cris
lamentables, ils arrivèrent à la ligne ennemie, suppliant
César de les laisser passer ou de les recevoir dans son camp
fut-ce même comme esclaves. César ordonna qu'on les éloi-
gnât à coups de traits. Ainsi rejetés entre la ville et le camp
romain, courant tour-à-tour des portes de l'une aux portes
de l'autre, implorant tour-à-tour des frères et des ennemis,
et ne trouvant nulle part pitié ni secours, cette foule in-
fortunée succomba en peu de jours au désespoir et à la
faim (1).

---

(1) Selon M. de Coynart, chef d'escadron d'état-major, dans une brochure très remarquable qu'il a publiée en 1857, sous le titre de *Siége d'Alé-*

» Cependant l'armée nationale approchait; elle parut enfin et occupa une éminence qui touchait presque à la ligne romaine; elle campait à moins d'un mille du fossé de contrevallation. Le lendemain sa cavalerie se répandit dans la plaine, et son infanterie prit poste de tous les côtés sur les collines. A la vue de ces mouvements que les assiégés apercevaient du haut des murs d'Alésia, tant de misères furent oubliées, et les angoisses firent place aux transports de la joie la plus exaltée; on s'embrassait, on se félicitait, on apprêtait gaîment ses armes; l'espérance avait rétabli toutes les forces, doublé tous les courages. Dans leur impatience enfin, la garnison sort de la ville, commence à combler avec des claies et de la terre le premier fossé de circonvallation et se prépare à tout événement pour une attaque vigoureuse.

» César disposa ses légions sur les deux lignes de retranchements, fit sortir sa cavalerie et engagea le combat. Du sommet des hauteurs que les deux camps occupaient, la vue portait sur la plaine et tous les regards fixés sur les combattants épiaient leurs mouvements avec anxiété. Les Gaulois avaient mêlé à leur cavalerie quelques archers et soldats armés à la légère, qui la soutenaient dans sa retraite, et arrêtaient le choc de l'ennemi; cette infanterie gêna beaucoup les Romains, en blessa un grand nombre et força plusieurs escadrons à se retirer de la mêlée. Chaque fois que les Gaulois chargeaient avec avantage, chaque fois que les Romains pliaient, des cris d'espérance et d'encouragement s'élevaient à la fois des deux armées gauloises qui entou-

---

sia, le théâtre de cette affreuse désolation fut la plaine des Laumes qui en prit le nom si expressif, à cause des larmes que durent y verser les malheureux qu'on avait expulsés d'Alise, et qui ne rencontraient des deux côtés que des cœurs fermés à la pitié. Le beau travail de M. de Coynart devrait décider la question victorieusement, si l'esprit de système n'aveuglait pas les défenseurs d'Alaise-lez-Salins, tant est nette et concluante sa polémique en faveur d'Alise-Sainte-Reine.

raient les lignes ennemies. Comme l'action se passait sous les yeux des deux partis, l'amour de la gloire et la crainte de la honte les animaient également; aucun trait de courage ou de lâcheté ne pouvait rester ignoré. On combattit avec acharnement depuis midi jusqu'au coucher du soleil, et la victoire restait indécise; mais la cavalerie germaine ayant fait une charge en escadrons serrés sur un seul point, la cavalerie gauloise fut enfoncée, les archers enveloppés, furent taillés en pièces. Les légions sortirent alors à la poursuite des fuyards et les poussèrent jusqu'à leur camp sans leur donner le temps de se rallier. La garnison d'Alésia, consternée, regagna ses murailles.

» L'armée gauloise prit un jour de repos, et ce temps fut employé à préparer des claies, des échelles, des crocs en grande quantité. Vers le milieu de la nuit, elle sortit dans le plus grand silence et s'approcha des ouvrages romains, du côté de la plaine. Là poussant un cri général, pour avertir les assiégés, elle se mit à jeter des fascines dans le fossé, et à chasser les postes ennemis du rempart à coups de fronde et de traits. A leur cri, la trompette d'alarme répondit aussitôt de l'enceinte de la place; Vercingétorix et les siens accoururent. Les Romains de leur côté prennent place aux remparts; ils font jouer les machines établies sur la terrasse et dans les tours; et les boulets de plomb, les dards, les pierres préparées d'avance, pleuvent devant eux; mais l'obscurité ne permettant pas de diriger les coups, de part et d'autre on tuait, on blessait en aveugle, et le sang coulait par torrents (1). Les lieutenants à qui la défense de ce quartier était échue, se voyant rudement pressés, firent venir des troupes des forts les plus éloignés. Tant que les Gaulois combattirent à distance des retranchements, leurs traits nui-

_____

(1) On remarquera encore ici que ce sanglant combat pendant la nuit a lieu dans la plaine des Laumes et très probablement sur les bords de la Brenne, vers l'endroit où se trouve aujourd'hui la ferme de l'Epineuse.

sirent beaucoup aux Romains; mais lorsqu'ils commencèrent à approcher, les uns se jetèrent sur ces pointes appelées *aiguillons*; d'autres tombèrent dans ces fossés garnis d'un pieu et y restaient empalés, ou périssaient sous les traits partis des machines. Après avoir éprouvé des pertes considérables, sans avoir pu nulle part entamer les retranchements, à la pointe du jour, craignant d'être enveloppés par les sorties qui se faisaient des forts situés sur les hauteurs, ils se retirèrent et ceux du dedans, qui comblaient le premier fossé, ayant employé à ce travail beaucoup de temps, s'aperçurent de la retraite de leurs frères, avant d'avoir pu atteindre le pied du rempart, et rentrèrent alors dans la ville.

» La bravoure gauloise avait donc échoué une première fois contre cette forteresse et ces machines meurtrières qui protégeaient les Romains; une seconde épreuve fut résolue; celle-ci devait être décisive. Le conseil de l'armée extérieure se fit amener des gens connaissant le pays pour apprendre d'eux le site et la nature des défenses des forts ennemis placés sur la hauteur. Il y avait au nord une colline qui n'avait pu être comprise dans l'enceinte des retranchements, à cause de son étendue. César avait été obligé d'établir le camp, dans un terrain à mi-côte, et conséquemment commandé par la hauteur (1). La garde de ce quartier était échue aux deux lieutenants C. Antistius Reginus et C. Caninius Rebilus. Ayant reconnu les lieux par leurs éclaireurs, les chefs gaulois choisirent soixante mille de leurs hommes les plus braves et les mirent sous le commandement de l'arverne Vergasillaune. Vergasillaune parti de son camp à la première veille de la nuit, arriva au point du jour dans le

---

(1) Cette colline doit être nécessairement ou celle qui sépare Ménétreux de la plaine des Laumes, ou bien la colline qui s'étend depuis Grésigny jusqu'à Darcey. C'est dans une sorte de vallon étroit, derrière cette colline, vers le nord et vis-à-vis de Bussy, que se trouve le château de Bussy-Rabutin.

lieu désigné; il se cacha derrière la colline, et fit reposer ses gens. Lorsque l'heure de midi approchait, il marcha vers cette partie du camp romain dont nous venons de parler; en même temps la cavalerie s'approcha des retranchements du côté de la plaine et l'infanterie commandée par Comm l'Atrébate se mit en bataille.

» Vercingétorix, du haut de sa citadelle, voyant ce mouvement, sortit de la ville avec les claies, les fascines, les galeries couvertes, les faux de siége et tout ce qu'il avait disposé pour l'assaut. Partout à la fois le combat s'engage, on s'attache aux endroits qui paraissent plus faibles. L'ennemi suffit à peine à la garde de tant de retranchements et à faire face de tous côtés. Les clameurs qui s'élèvent de l'attaque extérieure, et que les Romains entendent derrière eux, les inquiètent et favorisent l'armée intérieure; chacun songe, dans ces circonstances, que sa sûreté dépend de la valeur d'autrui; et souvent le danger le plus éloigné est celui qui fait le plus d'impression sur les esprits.

» César avait choisi un point d'où il pouvait tout voir à une grande distance; il envoyait de là ses ordres et des secours où il était nécessaire. De part et d'autre on sentait que la journée serait décisive, et terminerait la guerre; les Gaulois voyaient qu'ils n'avaient plus d'espoir s'ils ne parvenaient à percer la ligne, et les Romains que la victoire était la fin de leurs travaux. Le fort de l'action était surtout aux postes supérieurs, où Vergasillaune commandait l'attaque, car cette sommité étroite qui dominait la colline était d'une extrême importance. Les Gaulois s'épuisaient donc en efforts pour se faire jour; tandis que les uns lancent des traits, d'autres ayant formé la tortue, s'avancent au pied du rempart; des combattants frais prennent la place de ceux qui sont fatigués, la terre qu'ils ont jetée sur les défenses extérieures leur donne la possibilité de monter à l'assaut, et les garantit des piéges cachés. Bientôt les projectiles et les forces manquent aux légions romaines.

» César envoie sur ce point Labiénus avec ses cohortes,

et leur ordonne, s'il ne peut plus soutenir la défense du rempart, de tenter une sortie, mais seulement dans la dernière nécessité; il va ensuite lui-même parcourir les autres points; il encourage les soldats, les exhorte à ne pas céder à la fatigue, leur remontre que tout le fruit des combats précédents dépend de cette journée. Cependant, la troupe de Vercingétorix, désespérant de forcer les retranchements de la plaine, à cause de l'étendue des fortifications, tente d'escalader les hauteurs escarpées où les Romains avaient des forts; elle y transporte tout ce qu'elle avait préparé pour l'assaut, elle déloge par une grêle de traits les Romains qui combattaient sur les tours, et parvient à se faire un chemin avec des terres, des claies et des fascines; alors elle coupe avec des faux les mantelets, et commence à démolir le rempart.

« César fait partir Brutus avec six cohortes, ensuite le lieutenant Fabius avec sept autres : l'action devenant plus vive, il s'y porte en personne avec des renforts de troupes fraîches. Le combat rétabli et les assaillants repoussés, il se rend au poste où combattait Labiénus. Il prend d'abord avec lui quatre cohortes du fort voisin, se fait suivre par une partie de la cavalerie, et ordonne à l'autre de faire un circuit par le dehors des retranchements et d'aller prendre l'ennemi sur ses derrières : Labiénus se trouvait dans le plus grand danger.

« César se hâta d'arriver. Les Gaulois qui, de la hauteur qu'ils occupaient, plongeaient sur le terrain du camp, reconnurent le proconsul au manteau de pourpre qu'il portait les jours de bataille, et voyant les escadrons et les cohortes qui le suivaient, recommencèrent l'assaut; un double cri s'éleva en même temps des rangs gaulois et des rangs ennemis. Bientôt même jetant le javelot, de part et d'autre on tira le glaive, et on lutta corps à corps. Pendant cette mêlée terrible, la cavalerie romaine, que César avait envoyée en dehors du camp, vint prendre les Gaulois à dos, tandis que deux cohortes fraîches accouraient sur le rempart. Les Gaulois faiblirent, et furent enfin repoussés après un grand carnage. Sédule, prince et chef des Lemovikes (Limousins), fut tué, et Vergasillaune fait prisonnier : plus de soixante-quatorze drapeaux furent apportés à César (1). La garnison d'Alésia, voyant ce massacre et cette fuite désespérée, abandonna sa position et rentra dans la ville. Une terreur panique s'empara alors du reste de l'armée extérieure, qui se retira dans le plus grand désordre. Poursuivie par la cavalerie ennemie, après avoir perdu presque toute son arrière garde, elle se dispersa pour ne plus se rallier. Ainsi finit cette journée commencée avec tant d'espérances et sous des auspices si brillants. Jamais depuis huit ans les légions romaines n'avaient couru plus de dangers ; ce fut le manque d'ensemble qui les sauva. Si, comme l'Atribate, Virdumar, Eporédorix avaient secondé les efforts opiniâtres de Vergasillaune ; si la ligne extérieure vers la plaine avait été attaquée avec autant d'audace que la ligne intérieure par Vercingétorix, la Gaule était sauvée, et le nom de César, devenu si dangereux à la liberté et au repos des nations, aurait été inscrit dans l'histoire à côté des noms des Crassus et des Vérus, pour l'encouragement des peuples et l'éternel effroi des conquérants.

» Qu'on se représente, si l'on peut, l'état de la garnison d'Alésia durant la nuit qui suivit cette bataille funeste. Seul, au milieu d'une désolation inexprimable, Vercingétorix montrait un visage calme et résigné ; c'est que toute espérance n'était pas éteinte au fonds de ce cœur magnanime ; c'est qu'il avait cru entrevoir encore une ressource, une de ces ressources qui n'appartiennent qu'aux âmes d'élite. Comme les Romains s'obstinaient à voir en lui l'auteur de tout ce qui s'était fait en Gaule depuis un an, comme ils

---

(1) Cette bataille décisive eut lieu à peu près sur les deux bords du Rabutin, ruisseau qui se perd dans l'Ose. C'est là qu'en établissant le chemin de fer de Paris à Lyon, on trouva une grande quantité d'ossements pétrifiés ou calcinés, tant d'hommes que de chevaux.

soutenaient dans leurs déclarations publiques, que le noble Arverne n'avait suscité cette guere que pour son propre intérêt, par ambition, par soif de la royauté ; comme César, en toute occasion, faisait éclater contre lui une violente inimitié personnelle, Vercingétorix pensa que sa mort suffirait peut-être aux vengeances publiques et privées, et que ses malheureux compagnons pourraient obtenir merci. Il passa la nuit à se repaître de cette idée ; au point du jour, il convoqua ses troupes ; pour la dernière fois, il les supplia de se rappeler quelle cause leur avait mis les armes à la main. « Ce n'est pas la mienne seulement, leur dit-il, » c'est la vôtre à tous, c'est la gloire et la liberté de la » Gaule. Cependant c'est bien moi qui vous ai poussés à » cette guerre, et vous ai attirés ici : puisque le sort a » décidé contre mo, i ma tête vous appartient. Je satisferai » aux Romains par une mort volontaire, ou je me livrerai » à eux vivant, selon votre désir. Délibérez. » Le conseil envoya des députés à César, pour traiter avec lui de la reddition. La réponse du proconsul fut qu'ils devaient immédiatement livrer leur chef, leurs armes, et se rendre à discrétion ; en même temps il fit dresser son tribunal hors des portes, en avant du camp, pour y recevoir la soumission des vaincus et prononcer avec solennité sur leur sort.

» Cette réponse était un arrêt irrévocable, auquel rien ne pouvait soustraire les Gaulois. Mais Vercingétorix n'attendit point que les centurions romains le traînassent pieds et poings liés aux genoux de César. Montant sur son cheval enharnaché comme dans un jour de bataille, revêtu lui-même de sa plus riche armure, il sortit de la ville, et traversa au galop l'intervalle des deux camps, jusqu'au lieu où siégeait le proconsul. Soit que la rapidité de sa course l'eût emporté trop loin, soit qu'il ne fit par là qu'accomplir un cérémonial usité, il tourna en cercle autour du tribunal, sauta de cheval, et, prenant son épée, son javelot et son casque, il les jeta aux pieds du Romain, sans prononcer une parole. Ce mouvement de Vercingétorix, sa brusque apparition, sa haute taille, son visage fier et martial, causèrent parmi les spectateurs un saisissement involontaire.

» César fut surpris et presque effrayé. Il garda le silence quelques instants ; mais, bientôt, éclatant en accusations et en invectives, il reprocha au Gaulois « son ancienne ami-« tié, ses bienfaits dont il avait été si mal payé » puis il fit signe aux licteurs de le garrotter et de l'entraîner dans le camp. Vercingétorix souffrit tout en silence. Les lieutenants, les tribuns, les centurions qui entouraient le proconsul, les soldats même paraissaient vivement émus ; le spectacle d'une si grande et si noble infortune parlait à toutes les âmes. César seul resta froid et cruel. Vercingétorix fut conduit à Rome, et plongé dans un cachot infect, où il attendit pendant six ans que le vainqueur vînt établir au Capitole l'orgueil de son triomphe ; car ce jour-là seulement, le patriote gaulois devait trouver, sous la hâche du bourreau, la fin de son humiliation et de ses souffrances.

» César fit à la garnison d'Alésia grâce de la vie, mais il la réduisit en esclavage, ainsi que les prisonniers de l'armée extérieure tombés en son pouvoir. Chaque romain eut un captif pour butin. Le proconsul réserva seulement vingt mille Arvernes et Edues pour regagner l'amitié de ces peuples, et les ramener à l'obéissance. Il partit ensuite et se rendit sur le territoire Eduen (Autun). Découragée et tout étourdie du coup qu'elle venait de recevoir, la cité éduenne se soumit sans résistance ; les Arvernes eux-mêmes (les Auvergnats) envoyèrent des députés pour demander les ordres de César. Il exigea d'eux beaucoup d'ôtages. Ces nations furent les seules qui déposèrent les armes, et c'était, il est vrai, sur elles que les plus grandes pertes avaient porté. Voyant bien que la guerre n'était rien moins que finie, le proconsul envoya Labiénus avec deux légions et de la cavalerie passer l'hiver chez les Séquanes (la Franche-Comté), il en plaça deux chez les Rèmes (peuples de Reims), une chez les Bituriges (peuples du Berri),une chez les Rutènes (peuples de Rodez ou Rouergats), deux sur la Saône, afin de pourvoir aux vivres, lui-même prit son quartier à Bibracte (aujourd'hui Autun). »

Tel est le récit de M. Amédée Thierry, si clair, si précis, et quiconque a une connaissance suffisante de la position d'Alise-Sainte-Reine et de ses alentours peut suivre avec la plus grande facilité l'histoire de ce fameux siége, et reconnaître les diverses évolutions des deux armées. Il ne faut pour cela qu'un sincère amour de la vérité historique, et se dépouiller de tout esprit de système.

Pourtant on a essayé de placer le théâtre de ce grand évènement ailleurs qu'en Bourgogne. Dans les dernières années du XVIIe siècle, sous le règne de Louis XIV, en 1696, parut un livre sous le titre de : *Nouvelles découvertes sur l'état de l'ancienne Gaule du temps de César*. Là, un sieur de Mandajors, maire d'Alais en Languedoc, aujourd'hui chef-lieu de sous-préfecture au département du Gard, soutint que cette ville nommée *Alésia* en latin était celle dont César avait triomphé. Il lui fallut déplacer tous les anciens peuples de la Gaule et surtout établir autour d'Agde (Hérault) les Eduens ou Agduens, comme il les nomme. Les Mandubiens étaient, selon lui, les peuples dont Mende ou Mande (Lozère) était la capitale. La découverte du sieur de Mandajors fut répudiée par tous les savants.

De nos jours une tentative du même genre s'est produite dans l'arrondissement de Besançon, pour Alaise, canton d'Amancey. A la tête des défenseurs de la vérité, a paru un éloquent champion, M. Rossignol, conservateur des archives de la Côte-d'Or. L'Académie des Inscriptions et Belles-Lettres, dans sa séance du mois d'août 1857, a couronné sa savante polémique, et a solennellement traité de paradoxes les arguments de ses adversaires. *Alais* eut dans son temps sa cabale, *Alaise* n'a pas été dépourvue de la sienne, et *Alise* est restée ce qu'elle a toujours été et ce qu'elle sera toujours, le champ de bataille où César vainquit Vercingétorix et toute la Gaule coalisée.

Nous ne pouvons pas néanmoins nous dispenser de faire ici ressortir deux points capitaux auxquels nos adversaires ne sauraient objecter rien de plausible, en nous réservant à leur suite diverses solutions à d'autres difficultés, dans un paragraphe spécial :

1o L'envoi de Labiénus avec deux légions en Séquanie, après la prise d'Alise.

2o La position occupée par les Mandubiens, au temps de César.

D'abord nous lisons qu'après la reddition de la malheureuse ville d'Alise, le vainqueur se rendit sur le territoire Eduen. Nos adversaires ont voulu tirer parti de ce passage en faveur d'Alaise. Ils ont dit : donc César ne se trouvait pas chez les Eduens en assiégeant Alise; s'il est parti pour le pays des Eduens, c'est qu'il était au-delà de la Saône, et par conséquent à Alaise... Ce raisonnement porte à faux. Quoique la ville d'Alise fût située chez les Mandubiens, qui étaient les alliés des Eduens, il n'en résulte pas que ce fût une ville éduenne. Ainsi, parce que les Gabales, peuples du Gévaudan, aujourd'hui Lozère, étaient les alliés ou clients des Arvernes ou Auvergnats, il ne s'ensuit pas que *Gabalum* leur capitale fut dans l'Auvergne. De même, César en partant pour les Eduens ou Autun, sortait du territoire des Mandubes ou Mandubiens dont Alise était la ville principale. Mais ce qui prouve invinciblement que César n'avait pas fait le siége d'Alaise en Franche-Comté, c'est qu'il y envoya Labiénus avec deux légions. Si les Romains ont pris, selon nos adversaires, Alaise en Séquanie ou Franche-Comté, il faut donc supposer que César repasse la Saône avec toutes ses troupes pour venir à Autun, et qu'à peine arrivé, il ordonne à Labiénus de passer encore pour la troisième fois la même rivière pour aller s'établir de nouveau dans la Séquanie. Le simple sens commun repousse un système aussi absurde, qu'on nous pardonne l'expression, car nous n'en trouvons pas de plus juste. César part de la contrée habitée par les Mandubiens dont il a pris la capitale, et va chez les Eduens ou Edues, puis de là il envoie en Séquanie Labiénus. Voilà ce que nous apprennent les Commentaires de César, ni plus ni moins.

Ensuite, et ici tout le monde doit voir le point culminant de la question, comme en effet on l'y a vu, il s'agit de bien déterminer la contrée qui était habitée par les Mandubes ou Mandubiens. Si l'on parvient à bien se fixer sur ce point, la position de la ville d'Alésia n'est plus un problème à résoudre, car l'historien conquérant en fait la capitale de ce peuple : *Alesia, quod est oppidum Mandubiorum*. Nous disons que tout le monde a bien compris la question, car le sieur de Mandajors a dû, comme il l'a fait, placer les Mandubiens non loin d'Alais, *Alesia*, du département du Gard, de même que l'auteur de la prétendue découverte franc-comtoise les a transférés autour de son Alaise du Doubs. Il a fallu à ce dernier inventer une origine hybride et chercher dans les mots MAN, qui en allemand signifie homme, et *Dubis*, nom latinisé de la rivière du Doubs, l'appellation de Mandubes. Justice a été faite de cette bizarre idée, digne compagne de celle qui a vu des Mandubes dans les Gabales de Mende!.. de Mende qui n'était avant l'ère chrétienne qu'un misérable hameau, *viculus*, à peine connu de la capitale *Anderitum Gabalorum*, aujourd'hui simple village du nom de Javols, à plus de 20 kilomètres au nord de Mende, et à 50 kilomètres au moins d'*Alesia*, Alais.

Nous disons donc que les Mandubiens n'étaient point dans la Séquanie, qu'ils n'étaient pas davantage aux environs de Mende, mais qu'ils habitaient la contrée que plus tard on a nommé le pays d'Auxois, du nom altéré d'Alise leur capitale. Tous les géographes érudits se sont constamment accordés sur cette attribution. Enfin elle vient d'être confirmée par la déclaration d'un de nos plus illustres membres de l'Institut, au moment où se déployaient les efforts désespérés des partisans de l'Alaise franc-comtoise, poussés à bout par la polémique de M. Rossignol, de Dijon. Voici les paroles aussi simples que graves de M. de Saulcy, de l'Académie des Inscriptions et Belles-Lettres :

« Comme je ne voudrais pas me permettre de dire un
» mot dans cette affaire, sans avoir à justifier ce mot par
» un fait dont personne jusqu'ici n'a parlé, je dirai qu'ayant
» passé une dizaine d'années de ma vie à recueillir, dans
» l'est de la France, les monnaies gauloises propres à cha-
» que localité, j'ai ramassé une dizaine au moins de pièces
» de cuivre frappées par les Mandubiens, offrant leur nom
» fort lisiblement écrit, et qui provenaient toutes, *sans
» exception*, de la contrée où se trouve Alise-en-Auxois.
» J'ai trouvé beaucoup de monnaies frappées par les Sé-
» quanais, et déterrées dans le pays même de cette peu-
» plade gauloise, et, il n'a jamais, que je sache, été ren-
» contré parmi elles un seul exemplaire de la monnaie
» mandubienne. J'avais dans le temps communiqué ce fait
» à l'illustre et savant Joachim Lelewel, qui n'a pas manqué
» de confirmer mon attribution aux Mandubiens, des mon-
» naies sur lesquelles on lit : MANTVBIINOS. Son excel-
» lent livre sur la numismatique gauloise est là pour venir
» à l'appui de ce que j'avance. »

Ce passage est textuellement rapporté dans le journal : *Le Courrier de Paris*, no du 27 août 1857, 6e colonne de la chronique scientifique.

La déclaration de M. de Saulcy a été transcrite par M. Rossignol, dans la curieuse brochure qui a pour titre : *L'Alésia de César maintenue dans l'Auxois; réponse à M. J. Quicherat.* Dijon, 1857.

Nous n'avons qu'à répéter ici ce que nous disions dans le numéro du 3 janvier 1858, *Journal des Villes et des Campagnes :* « Ainsi tombent les prétendues découvertes
» sur l'Alaise franc-comtoise; ainsi se réduisent à néant
» toutes les dissertations géographiques, historiques, stra-
» tégiques, et avant tout systématiques et excentriques des
» partisans des susdites découvertes. La véritable histoire
» appuyée sur des monuments irrécusables a triomphé

» pleinement des paradoxes qui avaient la téméraire pré-
» somption de la voiler. »

Que devint Alésia après la catastrophe? La ville fut-elle rasée de fond en comble? On a dit que les Romains en agissaient de la sorte. Cela peut être arrivé dans certains cas, mais ici l'histoire garde un profond silence. Alésia ne fut point prise d'assaut comme l'avaient été quelques autres cités des Gaules ou d'autres nations ; elle s'était rendue. Le vainqueur n'avait pas intérêt à la ruiner, mais bien plutôt à la repeupler par des Gaulois soumis ou par des colonies romaines. Il en fut ainsi d'Alise, comme le prouve l'innombrable quantité de monuments de tout genre qu'on y découvre depuis un grand nombre de siècles. La conquête romaine la décora de temples, d'édifices publics de la plus riche architecture (1). Les guerres civiles du bas-empire, les incursions des barbares du Nord portèrent plusieurs fois le fer et le feu sur la malheureuse cité. Elle fut enfin abandonnée, le soc de la charrue fit disparaître de sa surface tout ce qui pouvait rappeler son ancienne prospérité. Il ne reste aujourd'hui de cette cité célèbre que ce qui fut sans nul doute son *suburbium* ou faubourg, à l'endroit où la voie romaine y donnait accès, et qui conserve encore le nom significatif de *la Porte*. Ce faubourg s'appelle encore Alise, et forme un village qui, se réunissant à celui de Sainte-Reine, sur la déclivité méridionale du mont Auxois, est un chef-lieu de commune et de paroisse du canton de Flavigny, arrondissement de Semur.

---

(1) Un vigneron d'Alise-Sainte-Reine, le sieur Calabre, a recueilli sur le mont Auxois un très grand nombre de débris de l'ancienne splendeur d'Alésia ; sous la domination romaine, chapiteaux corinthiens, vases, ustensiles, statuettes, monnaies, sarcophages, anneaux, bijoux d'or et d'argent, médailles, etc., etc. A notre avis on a un peu trop négligé la collection de ces objets qui, mieux soignée, formerait un musée des plus intéressants pour la science archéologique.

SOLUTIONS DE QUELQUES DIFFICULTÉS.

Pour se faire une idée du système soutenu par l'auteur de la prétendue découverte faite en 1856 sur Alaise au canton d'Amancey, département du Doubs, on n'a qu'à lire les réfutations aussi complètes qu'énergiques de M. Rossignol, conservateur des archives de la Côte-d'Or et de l'ancienne Bourgogne, en trois brochures in-4° où la question est envisagée sous tous ses points de vue. Bien loin de se plaindre d'une tentative qui voulait ravir à Alise-Sainte-Reine le fleuron de son antique illustration, d'une illustration jusqu'à ce moment reconnue et consacrée par les historiens et les géographes les plus érudits et les plus consciencieux, nous croyons qu'on doit se féliciter de cette polémique. S'il pouvait rester encore quelque doute, ce doute a été complétement dissipé et à jamais impossible.

Mais il nous a semblé utile d'exposer les principales objections et les arguments spécieux des partisans d'Alaise-lez-Salins, pour montrer à quel point un esprit de système préconçu peut se créer des illusions favorables à sa cause. Nous les puisons dans l'attaque et nous les réfutons par la défense si lumineuse et si logique de l'éminent auteur des trois mémoires précités.

1o Pour que le village d'Alaise en Franche-Comté ait été le théâtre de la guerre entre Vercingétorix et César, il faut nécessairement que les deux généraux aient passé la Saône. Y a-t-il dans les Commentaires de César un seul mot qui fasse soupçonner le passage de cette rivière? Non. César, d'après son récit, s'acheminait vers la Séquanie, *quùm iter faceret in Sequanos*. Pour y pénétrer il fallait sans nul doute franchir cette rivière. Ce passage s'est-il effectué? César ne dit pas un seul mot qui le fasse présumer. Il a fallu que nos adversaires suppléassent l'historien, ou qu'ils missent à la torture son récit. Aucun de ces expédients ne pouvait réussir. Pendant que César marchait vers la Saône et qu'il en était encore éloigné, Vercingétorix lui barre la route et au lieu d'un succès il recueille un revers définitif. Telle est l'histoire authentique, précise et limpide écrite sous la dictée du conquérant. On a prétendu que César est un auteur difficile à comprendre, que son style est nébuleux. Rien de vrai dans ces allégations qu'a inspirées le besoin de faire triompher une cause. Celui qui écrit ces lignes a fait expliquer César à ses élèves de quatrième, à Bordeaux, en 1809. En tous lieux, en tous temps, les Commentaires de César sont mis entre les mains des élèves des classes inférieures. L'assertion d'un grand professeur de Paris qui nous représente César *glissant sur des patins* n'est donc plus qu'un de ces paradoxes dont notre siècle ne se montre pas avare.

2o Le même professeur nous objecte l'absolue impossibilité de loger dans l'enceinte du plateau sur lequel Alise était bâtie une garnison de quatre-vingt mille hommes avec les bagages, les provisions de siége et vingt ou vingt-cinq mille habitants dont il suppose que la ville était peuplée. Où a-t-il lu que cette garnison gauloise était exclusivement renfermée dans la cité proprement dite? La ville avait des faubourgs. Une bonne partie des troupes pouvait y trouver asile et devait même occuper les espaces assez unis qui existent en certains endroits et qui couronnent les contre-forts du plateau. C'est là que s'élève encore aujourd'hui le bourg d'Alise-Sainte-Reine et ces espaces étaient nécessairemet fortifiés. D'ailleurs, dès le principe, Vercingétorix avait renvoyé toute sa cavalerie, *consilium cepit omnem a se equitatum noctu dimittere*. Les officiers de l'état-major qui ont soigneusement exploré les lieux, surtout M. le commandant de Coynart, n'ont reconnu en cela aucune difficulté et l'on accordera sans peine qu'ils sont au moins aussi experts dans cette matière que des professeurs de latin... voire même des architectes... sans vouloir porter atteinte à leur honorabilité.

3o Répétons l'observation relative à la plaine des Laumes et disons qu'au lieu de s'étendre depuis Montbar jusqu'à Pouillenay, ce qui lui donnerait douze ou quinze mille pas au lieu de trois mille énoncés dans le texte, elle ne part du nord au midi que du village des Granges à Pouillenay et que sa longueur est celle que lui attribue César.

4o Le même adversaire, en critiquant avec raison l'étymologie que donne au nom d'Alésia le moine Herric, en la faisant dériver du latin *alere*, nourrir, prétend que celui qui a pu se tromper ainsi a pu également commettre une erreur en faisant d'Alise-Sainte-Reine la ville prise par César. Nous en appelons au bon sens de tout homme qui raisonne et nous demandons s'il est possible de porter plus loin l'abus de la logique. Nous ne voulons pas relever d'autres prétendues objections de ce calibre et nous disons avec M. Rossignol : « Mettons le feu à toutes ces broussailles. » Il faut qu'une cause soit bien mauvaise au fond quand pour la soutenir on a recours à de semblables arguties.

5o Nous signalerons une grave inexactitude dans une assertion de notre adversaire. Il soutient que le plateau du mont Auxois est tellement en surface plane et unie que Vercingétorix n'a pas pu y rencontrer une éminence d'où il pût promener ses regards sur son camp et sur celui des Romains. S'il eût pris la peine de monter sur ce plateau, ou seulement de jeter les yeux sur une carte telle que l'ont dessinée avec la plus parfaite exactitude les officiers de l'état-major, il aurait remarqué surtout une hauteur de plus de sept mètres qui s'élève au-dessus du reste du plateau, lequel à beaucoup près n'est pas du tout uni comme une glace. Que notre plateau d'Alise n'ait rien de commun avec le site d'Alaise-lez-Salins, c'est ce que nous accordons très volontiers, car le génie militaire n'a pu reconnaître dans ce dernier rien qui ne contredise manifestement le récit de César, tandis que celui d'Alise-Sainte-Reine est en harmonie complète avec la narration du conquérant.

6° Un des plus puissants défenseurs d'Alise-Sainte-Reine

est bien sans nul doute M. de Coynart, chef d'escadron de l'état-major, qui a étudié consciencieusement le site de l'antique Alésia sous le point de vue stratégique. Il y a reconnu plusieurs vestiges encore très visibles des travaux de circonvallation pratiqués par César. On les rencotre sur le mont Plévenel, à l'est d'Alésia. Ce sont trois remblais bien apparents qui occupent la partie supérieure entre la ferme d'Epermaille et l'extrémité occidentale qui domine le col; on y remarque encore une coupure assez apparente dans les rochers. Sur la berge gauche de l'Oserain, il est facile de reconnaître dans les vignes une portion de terrain en relief, qui est évidemment un remblais. Il en est de même au nord-est du Mont Rhéa; en descendant à Grésigny, on voit un remblai très prononcé que le chemin coupe deux fois. Au sud de cette zone, sont deux chemins tracés en zig-zag sur le versant. Ce double chemin, montant de Grésigny sur la hauteur située à l'est, paraît à M. de Coynart une des indications les plus significatives du siége d'Alésia.

Les adversaires d'Alise-Sainte-Reine complétement étrangers au génie militaire n'ont pu se rendre compte de ces nombreux vestiges dont l'éloquence muette confirme surabondamment le récit de César. On a torturé ce récit moyennant des interprétations gratuites et des hypothèses que rien ne saurait autoriser. En prenant franchement le texte de César, en y voyant tout ce que les traducteurs les plus exacts y ont clairement vu, en parcourant les sites et en les étudiant, comme peuvent seuls les étudier des hommes versés dans la science militaire, la vérité se révèle avec éclat et les théories systématiques les plus ingénieuses qui ont tenté de jeter un voile sur elle se dissipent comme des mirages trompeurs. Il suffit même, sans se transporter sur les lieux, d'étudier la carte topographique dressée par les officiers de l'état-major, et surtout la carte en relief dont M. de Coynart est l'auteur, pour se convaincre que la tradition séculaire, sur l'emplacement de la véritable, Alise assiégée par les Romains, présente tous les caractères de l'authenticité la plus irréfragable.

Terminons cette première partie en reproduisant les paroles suivantes d'un de nos plus profonds penseurs, le célèbre Ballanche, dans son ouvrage qui a pour titre : *Du sentiment considéré dans ses rapports avec la littérature et les arts.*

« Lorsque le vent du désert souffle sur les solitudes immenses qui furent autrefois des villes puissantes, lorsque la voix des siècles passés semble planer sur ces ruines éloquentes, comme la pensée aime à retourner en arrière ! quels beaux sujets de méditations s'offrent en foule à l'imagination plongeant son regard dans le mystérieux abîme des temps !... Cette terre que nous arrosons de nos larmes, d'autres l'ont habitée, les hommes dont nous foulons les cendres ont respiré cet air, se sont nourris de cette terre ravagée ; comme nous, ils avaient des chagrins et des passions, et maintenant ils dorment dans le calme et le repos le plus profond. Un jour aussi nous jouirons de cette inaltérable paix du tombeau, pendant que nos descendants, héritiers de nos misères, s'agiteront un instant sur nos cendres refroidies. »

Ces pensées émanent d'un esprit exclusivement philosophique. L'idée de l'immortalité de l'âme leur est totalement étrangère. Quant à nous chrétiens, après avoir médité sur ce plateau d'Alise que couvrit jadis une cité puissante, après avoir réfléchi sur l'inconstance des choses humaines, nous ne perdrons point de vue la résurrection générale et le dogme d'une autre vie, car notre existence ne se borne pas au sommeil de la tombe, et le sommeil est le précurseur du réveil.

ALISE-SAINTE-REINE

AVANT ET APRÈS

L'ÈRE CHRÉTIENNE.

DEUXIÈME PARTIE

Selon les témoignages authentiques de la tradition chrétienne, l'Évangile fut annoncé sur les rives du Rhône et de la Saône, dès le second siècle. Saint Pothin ou Photin, disciple de saint Polycarpe qui l'avait été de saint Jean l'évangéliste, fut l'apôtre de Lyon. Un autre disciple de saint Polycarpe partit en même temps de l'Orient et vint prêcher la foi dans les contrées voisines. Nous parlons de saint Bénigne qui partagea ses travaux apostoliques avec les saints Andoche et Thyrse, et qui, après quelque séjour à Langres, vint à Dijon où l'attendait un glorieux martyre. L'ancienne Bibracte des Gaulois devenue Autun, *Augustodunum*, surnommée alors la *petite Rome* ne tarda pas à voir briller dans son sein, et dans le territoire dont elle était la capitale, le flambeau du christianisme. Au troisième siècle, l'Eglise naissante des Gaules comptait déjà un nombre considérable d'enfants, mais le paganisme n'avait pas encore abdiqué sa funeste influence, les idoles étaient encore debout et les empereurs s'obstinaient à refouler dans les ténèbres ce qu'ils nommaient la superstition galiléenne. Le sang des adorateurs du Christ versé à flots dans les champs de la Gaule y devenait une précieuse semence d'où devait sortir une riche moisson pour les greniers du Père de famille.

Alise devait, comme Lyon, Dijon, Autun, voir mûrir ses épis de froment pour la récolte du souverain agriculteur, et à son tour ce froment ressemé d'abord et puis arrosé par le sang d'une jeune martyre devait y produire une abondante moisson et *renouveler*, comme parle le livre inspiré, *la face de cette terre* autrefois glacée sous le souffle impur du druidisme et du polythéisme romain. Alise, avons-nous dit, dans la première partie, n'avait pas disparu quoique vaincue. Elle n'était plus sans doute la place forte qui sans la famine aurait bravé les légions de César, mais elle tenait un rang distingué parmi les cités de la Gaule soumise. L'industrie, selon le rapport des plus anciens géographes, y enfantait des ouvrages de fer, de cuivre, d'étain, des sculptures, des ciselures des médailles qui jouissaient d'un grand renom.

Au milieu du IIIe siècle, selon les légendes les mieux accréditées, Alise avait pour gouverneur un Gallo-romain nommé Clemens ou Clementinus. Ce gouverneur était sectateur de la religion dominante et officielle qui était l'idolâtrie. Il est plus que probable qu'en masse toute la contrée vivait sous le joug de la même croyance. Toutefois le christianisme y avait quelques adeptes, se cachant dans l'ombre pour se soustraire aux persécutions, mais pratiquant, non sans zèle, mais avec prudence, l'effusion de ses salutaires enseignements. Clementinus avait confié sa fille à l'épouse de Théophile, chrétienne en secret et qui avait appris à sa jeune élève les premiers éléments de sa sainte croyance. Olibrius, en sa qualité de proconsul, faisait sa résidence à Lyon d'où il partait fréquemment pour visiter les provinces de son gouvernement des Gaules. Certains auteurs ont écrit que ce proconsul résidait à Autun. Peu nous importe, pour le moment, cette question de géographie historique.

On était sous l'empire de Décius ou Dèce qui avait succédé à Philippe sous lequel les chrétiens avaient joui d'un peu plus de liberté, ce qui avait favorisé la propagation de l'Évangile. Olibrius arrive donc à Alise où il est reçu avec honneur par Clementinus qui y exerçait une sorte de royauté, ce qui faisait donner à sa fille le nom de *Regina*, Reine. Ce gouverneur petit roi possédait en face d'Alise sur une haute colline un château de plaisance connu encore sous le nom de Grignon, *Grinio* ou *Grigniacum castrum*. Olibrius eut occasion de voir et d'admirer la jeune Reine dont la modestie relevait singulièrement les charmes naturels. Il s'éprit d'amour pour elle et demanda sa main. La jeune vierge avait pris pour époux Jésus-Christ et ne voulut aucunement répondre à une demande si glorieuse pour elle aux yeux de ce monde. Olibrius exaspéré de ce refus lui fit subir une rude détention et il fut secondé par un père irrité d'une obstination dont il ne pouvait pénétrer le motif. Enfin, après des tortures horribles que la noble vierge endura avec une patience héroïque l'implacable proconsul ordonna qu'on lui tranchât la tête (1).

On comprendra que nous n'avons pas besoin d'entrer ici dans les détails de ce touchant et glorieux martyre qui est raconté très au long dans des livres spéciaux. Notre tâche consiste principalement à relever les documents particuliers que nous offrent divers monuments traditionnels. Nous dirons seulement d'abord que le récit de ce martyre, à peu près dans toutes ses douloureuses phases, est absolument le même que celui de sainte Marguerite qui consomma le sien à Antioche de Pysidie, sous l'empire de Déce. On y retrouve

---

(1) Selon Tamaya, auteur espagnol, sainte Reine aurait appartenu à la famille des Reginus établie sur les frontières du Portugal. Alise serait une ville de cette même contrée et les reliques de la martyre auraient été transférées de cette ville espagnole à Autun. Un autre écrivain espagnol Julien, archiprêtre de Tolède, soutient à son tour que sainte Reine fut martyrisée à Toulouse en France. En outre le premier de ces écrivains prétend que sainte Reine a donné son nom à un bourg nommé *Regina*, auprès d'Alise en Espagne.

Ce n'est pas tout, dans certains actes du martyre de cette sainte, écrits par Théophile qui se dit témoin oculaire, Reine aurait souffert à Alise, dans la Pysidie, c'est-à-dire en Asie. On y voit figurer Clementinus, Olibrius. Ceci n'est qu'une confusion de noms et de lieux avec sainte Marguerite.

Enfin, à Alaise en Franche-Comté, on prétend montrer un lieu qui *inspire la terreur*, où sainte Reine aurait été décapitée. Ce fait nous est transmis par M. le curé d'Amancey, non loin de Besançon et tout près d'Alaise Un martyre *inspirant la terreur !!!*

Olibrius, une nourrice qui a catéchisé Marguerite, un père idolâtre, des torches ardentes, une croix et une colombe apparaissant dans la prison, etc. Nous possédons un curieux manuscrit sur velin où se trouve un poème très diffus en vers du XIIIe siècle où le martyre de sainte Marguerite est décrit avec une admirable naïveté. Ce n'est pas à dire pourtant que nous considérions l'histoire du martyre de sainte Reine-d'Alise comme une copie textuelle de ce poème où une sévère critique n'a vu qu'un pieux roman. En admettant que l'histoire de notre sainte Reine renferme quelques circonstances d'invention, il n'en restera pas moins indubitable que le fait sommaire est réel et qu'Alise a été saintement illustrée par le généreux sacrifice de la glorieuse vierge qui en est la patronne.

Les anciens martyrologes font mention de cette sainte. Dans le martyrologe du célèbre moine Usuard, qui écrivait durant le IXe siècle, on lit ce qui suit, sous le 7 septembre : *In territorio Augustodunensi, sanctæ Reginæ virginis, quæ sub proconsule Olibrio, equulei, carceris ac lampadarum perpessa supplicia, tandem capitali sententia finiri est jussa.*

« Dans le territoire d'Autun, sainte Reine vierge qui
» sous le proconsul Olibrius, après avoir souffert les sup-
» plices du chevalet, du cachot et des torches ardentes fut
» enfin condamnée à avoir la tête tranchée. »

Maintenant s'ouvrirait devant nous une longue discussion sur sainte Reine, si nous voulions reproduire trente-quatre colonnes du tome III du mois de septembre, qui fait partie des cinquante-quatre forts volumes in-folio de la collection des Bollandistes. Nous devons nous borner aux observations suivantes.

Il est évident qu'il a existé d'autres saintes du nom de Reine. On connaît l'histoire de sainte Ursule qui partit d'Angleterre avec un grand nombre de vierges, qui, comme elle, subirent le martyre à Cologne, vers le IVe ou Ve siècle. Une de ces illustres vierges portait le nom de *Re-*

gina, Reine. Ses reliques auraient enrichi l'église d'Osnabruck, évêché de Westphalie, non loin du Rhin. Mais les savants bollandistes ont soupçonné qu'on avait confondu cette martyre de Cologne avec celle d'Alise. On trouve une discussion très-intéressante sur ce point, dans le livre qui a pour titre : *Histoire de Sainte-Reine-d'Alise et de l'abbaye de Flavigny,* par André-Joseph Ansart, publiée en 1783 (1). Nous inclinons beaucoup à croire que la relique d'Osnabruck est celle d'une compagne de sainte Ursule, et qu'entre les deux martyres il n'y a de commun que le nom. La légende du bréviaire d'Osnabruck nous parait donc erronée et apocryphe.

Voici une autre sainte du nom de Reine. Elle est mentionnée dans les notes annexées au martyrologe d'Usuard. Sa fête a lieu le premier juillet. On lit ces paroles : *Solemnitas sanctæ Reginæ, matris sanctæ Rainfredis,* c'està-dire : « Fête de sainte Reine, mère de sainte Rainfrède. » Cette sainte ne peut pas être la vierge martyre d'Alise. Ses reliques étaient dans un monastère de Valenciennes.

Les annales de Baronius font mention de notre sainte Reine en ces termes : *Apud Alesiam quæ olim fortissima civitas a Julio Cæsare fuerat destructa natalis sanctæ Reginæ virginis :* « A Alise ou Alésia qui avait été une « ville très forte, ruinée par Jules César, jour natal (c'est« à-dire mort) de la vierge sainte Reine. » La destruction

---

(1) Cet écrivain, né en Artois en 1723, fut d'abord bénédictin, puis ayant quitté pour de graves causes cette congrégation, il s'attacha à l'ordre de Malte, en devint conventuel, se fit recevoir avocat au parlement et docteur en droit à la faculté de Paris. Il devint ensuite prieur-curé de Villeconin, fit paraître divers ouvrages et notamment celui que nous annonçons. Il mourut en 1790. On a dit de lui qu'il aimait peu le travail, et qu'il avait trouvé dans les archives de Saint-Germain-des-Prés, à Paris, les divers ouvrages qu'il a publiés sous son nom. Quoiqu'il en soit, dans le volume in-12 imprimé en 1783, et qui est devenu fort rare, on trouve les détails les plus curieux sur le sujet qui nous occupe en ce moment, surtout sur la dispute entre les bénédictins de Flavigny et les cordeliers d'Alise-Sainte-Reine.

dont parle ici notre annaliste ne saurait être prise au pied de la lettre. Cette cité fut sans doute saccagée, et ses habitants, comme on l'a vu, morts de misère entre les deux camps, mais fut aussitôt rétablie et habitée par des Galloromains.

Nous traduisons ici encore avec plaisir un passage du célèbre jésuite Papebrock qui visita Alise en revenant de Rome, en 1662 : « Le 3 août, nous sommes arrivés à la » chapelle de sainte Reine, que possèdent les Pères de » l'Observance (les Cordeliers) qui s'y bâtissent un nouveau » monastère. Non loin de là on construit un hôpital capa- » ble de recevoir les pèlerins. A l'entrée de la chapelle de » sainte Reine, à gauche, est une source qui nait en ce » lieu même où l'on croit que la sainte a souffert le mar- » tyre. L'eau de cette source est demandée de toutes parts. » La multitude qui y accourt atteste le nombre considéra- » ble de miracles qui s'y opèrent. On y voit s'élever des » boutiques où l'on vend beaucoup d'images, de rosaires, » de médailles et autres objets de ce genre. » Ceci pourrait paraître une anticipation, mais nous ne citons ce passage que dans l'intention de montrer que ce savant critique auquel on a reproché une trop grande sévérité dans l'histoire des saints, ne plaçait pas celle de sainte Reine au rang de tant d'autres légendes qu'il a rejetées comme indignes de toute croyance.

Il serait superflu de citer les nombreux martyrologes, tant anciens que plus récents, où notre sainte est mentionnée comme martyre d'Alise, dans le IIIe siècle. Certains esprits sceptiques ont tenté de supposer une sorte de symbolisme dramatique dans cette vierge qui n'aurait été selon leurs rêves qu'une image de la Gaule vaincue par le peuple conquérant. Faudra-t-il donc ne voir que des drames emblématiques dans les innombrables martyrs que, durant trois siècles, le farouche paganisme a immolés aux pieds de ses monstrueuses idoles ? Le plus simple bon sens d'accord avec l'histoire authentique, désavoue ces bizarres et absurdes systèmes. La philosophie chrétienne ne doit pas daigner s'abaisser jusqu'à les combattre. Alise eut donc sa martyre dans la fille de Clémentinus, sous l'empire de Dèce, et peu de temps après, Théophile, le père nourricier de la jeune Reine, ainsi que d'autres chrétiens, y versèrent leur sang pour la même cause.

Les précieux restes de la martyre furent dérobés pendant longues années à la vénération publique des populations de la contrée devenues chrétiennes. Ce fut seulement vers l'an 400 qu'une révélation divine fit connaître le lieu où reposait ce trésor. Une chapelle fut construite pour y déposer le saint corps. Là s'établit une de ces basiliques qui dans ces temps anciens portaient le nom de *Martyrium*. Un prêtre en avait la garde, et ce fut là l'origine de ce qu'on a nommé plus tard des paroisses. Il nous semble certain que cette basilique ou oratoire de martyr exista sur l'endroit même où est aujourd'hui l'église paroissiale de saint Léger. Plus tard encore, comme c'était un usage fort commun dans ces anciens temps, on bâtit tout auprès un monastère dont on forma la *manse abbatiale* par le moyen de diverses terres qui y furent annexées. C'est ce qu'on prouve par des chartes de donation. Dom Mabillon dit que du temps de Wildrade, sous le règne de Théodoric, dans les premières années du VIIIe siècle, plusieurs clercs célébraient l'office divin dans le monastère d'Alise. C'est ce même Wildrade, riche seigneur bourguignon, qui avait doté si amplement cette maison monacale. Nous reconnaissons dans son testament, daté de 721, plusieurs villages donnés au monastère d'Alise, tels que Ancy-le-Franc, Ravières, Haute-Roche, Baigneux, Villeneuve-les-Convers (ainsi nommé parce que les frères postulants ou *convers* étaient chargés d'en cultiver les terres), Poiseul, Charigny, et beaucoup d'autres. Il n'est pas étonnant que ce lieu fût privilégié de si abondantes faveurs, puisque peu de temps après la découverte des reliques de sainte Reine, un des plus illustres pontifes qu'ait produit la Gaule, et dont le nom est vénéré dans l'Eglise universelle, nous voulons parler de saint Germain, évêque d'Auxerre, se rendit à Alise, pour y honorer le saint corps de la martyre. Nouvelle preuve de la réalité de ce fait qui était venu ajouter à l'illustration guerrière d'Alise une illustration religieuse qui se maintient encore depuis près de seize siècles. Cette visite de saint Germain est racontée dans sa vie écrite par Constans, prêtre de Lyon, qui était presque contemporain du grand évêque.

On nous demandera peut-être pourquoi le nom de sainte Reine n'est pas resté attaché à l'Eglise paroissiale d'Alise, puisque c'était là que s'éleva le monastère fondé sous son nom. Nous répondons à cette question par la coutume générale de ces anciens temps. Les églises monacales avaient assez généralement des oratoires destinés aux habitants des lieux, à ceux qu'on nommait pour cela les *manants* en latin, *manentes*, c'est-à-dire qui demeuraient auprès de ces monastères. On donnait toujours à ces oratoires un patron différent du titulaire de l'établissement conventuel. Cet oratoire d'Alise reçut donc pour patron un des plus illustres évêques d'Autun, saint Léger, *Leodegarius*, dont le culte est très répandu dans la France. On sait que le martyre de saint Léger arriva en 678, dans la forêt d'Yveline, au diocèse d'Arras et qu'aussitôt après sa mort il fut honoré comme un saint. Or, c'est en ce même siècle ou quelques années après, que le monastère de Sainte-Reine était dans une situation prospère. L'édifice actuel de Saint-Léger d'Alise ne date pas d'aussi haut, mais il est permis de croire qu'après la suppression du monastère d'Alise, cette église fut construite ou renouvelée. La partie du chœur annonce certainement une haute antiquité, tandis que la nef est beaucoup plus récente, sans être néanmoins moderne.

Nous venons de parler de la suppression du monastère d'Alise; quelle en fut la cause? Au sud d'Alise, en face du mont Auxois, existait sur un monticule assez isolé une ville que sa position rendait forte et qui existe encore sous le nom de Flavigny. Elle est très anciennement connue sous le nom de *Castrum et Oppidum Flaviacense*. Toutefois César n'en dit pas un seul mot.

Si nous avions à examiner ici d'une manière approfondie la valeur d'une tradition populaire dont Ansart se fait l'écho, et qui tendrait à nous montrer dans Flavigny la fameuse ville de Bibracte capitale des Eduens, il nous serait facile de démontrer que cette tradition est fausse de tout point. Quand il serait vrai que Autun ne fût point la Bibracte gauloise, on ne pourrait pas la chercher aux portes d'Alise. Les Commentaires de César s'y opposent absolument, et même d'une façon plus décisive que de voir l'ancienne Bibracte à Beaune, à Beuvray ou à Pébrac, dans la Haute-Loire où le sieur de Mandajors voulut la fixer (1). Il nous semble indubitable que le monticule abrupte sur lequel est bâti Flavigny fut choisi pour y construire un fort, *Castrum*, par un gallo-romain, ou même par un romain nommé Flavius ou Flavinius, lorsque toute la contrée, après la prise d'Alésia, fut devenue partie intégrante de l'empire romain.

Flavigny offrait une position très avantageuse pour la fondation d'un monastère, en un temps où ces sortes d'établissements avaient besoin de se garantir des incursions qui désolaient notre malheureux sol. Aussi vers l'an 723, un seigneur de Flavigny y fonda un monastère de l'ordre de

---

(1) Nous lisons dans le tome II, pages 527 et 528 de l'excellent ouvrage de l'abbé Courtépée sur la Bourgogne, le document qui suit. En 1679, en fouillant un terrain à Autun, on découvrit une plaque de cuivre rouge sur laquelle on lisait : DEÆ BIBRACTI P. CAPRIL PACATVS IIII VIR AVGVSTALIS V. S. L. M. Ce qui signifie : *A la déesse Bibracte, P. Caprilius Pacatus un des sextumvirs d'Augusta (Autun) a érigé volontiers ce monument votif.* On peut dire aussi que Pacatus y est désigné comme sextumvir Augustal, mais peu importe. Il s'agit là de la déesse locale qui est Bibracte et la découverte de ce monument à Autun fait cesser toute discussion sur le lieu qui portait le nom de Bibracte. Ce n'est donc ni Beaune, ni Beuvray, ni Pébrac, ni surtout Flavigny, mais c'est Autun, *Augustodunum*, qui prit ce nom romain à la place de son nom gaulois.

saint Benoît auquel fut réuni sous un même abbé celui d'Alise-Sainte-Reine. Bientôt le besoin de se mettre à l'abri des incursions barbares dont nous parlons força les moines de Sainte-Reine de se transporter définitivement à Flavigny et l'église paroissiale d'Alise devint un prieuré dépendant de cette abbaye.

Cependant les peuples du nord poursuivaient leurs dévastations. Ils pillaient les églises, ils brûlaient les reliques, ils couvraient la France de deuil et de ruines. Le corps de sainte Reine n'avait pour gardien que le prieur-curé de Saint-Léger. Alise n'était pas un lieu de sûreté. D'ailleurs les Bénédictins de Flavigny étaient comme les seigneurs suzerains et protecteurs naturels de la localité où ces précieuses reliques étaient conservées. On dut prendre des précautions pour les soustraire aux implacables dévastateurs.

Ces deux motifs firent décider la translation des reliques de sainte Reine à Flavigny. Elle se fit avec une grande pompe le 22 mars 864, lorsque Charles dit le Chauve tenait le sceptre des Francs et portait le titre d'empereur d'Occident. L'officiant fut saint Egil ou Egile, *Egilius*, qui était alors abbé de ce monastère et qui devint plus tard archevêque de Sens. Il était assisté de Jonas, évêque de Dol, en Bretagne, exerçant les fonctions de suffragant auxiliaire auprès de Salacon, évêque d'Autun. On peut lire les détails de cette translation dans l'ouvrage de André-Joseph Ansart dont nous avons parlé, car ici nous ne faisons qu'un récit précis et analytique. Bientôt on eut à craindre que ce précieux dépôt ne fût pas encore en parfaite sûreté, et on dut le renfermer en un lieu inaccessible aux profanateurs (1).

---

(1) Sous le sol d'un jardin appartenant aujourd'hui à M. Lanier, originaire de Flavigny et résidant à Paris, existe une crypte très remarquable. Elle est taillée dans la roche même et n'a pas moins de 21 ou 22 mètres de longueur sur 3 de largeur. A droite et à gauche du principal boyau sont des loges ou édicules qui imitent des chapelles latérales, disposées de telle sorte que l'une ne fait pas face à l'autre, alternativement. On y descend par beau-

Voici donc bien près de mille ans que le corps de sainte Reine a quitté, nous ne dirons pas la contrée, mais le lieu même où elle fit éclater son héroïsme chrétien. Alise et Flavigny sont à une si faible distance l'un de l'autre que pendant longtemps eut lieu une procession solennelle où l'on portait ses reliques de cette dernière ville au bourg d'Alise, le jour anniversaire de son martyre, le 7 septembre. Diverses causes firent supprimer cette marche religieuse, mais aujourd'hui encore il se fait en chacune de ces deux localités une procession commémorative fixée au premier dimanche qui suit le jour propre de la fête.

Flavigny ne possède plus son abbaye l'une des plus anciennes et des plus célèbres de la France. Les bâtiments claustraux et la belle église abbatiale sont tombés sous le marteau de la destruction. Les saintes reliques sont déposées dans l'église paroissiale, édifice des plus remarquables de la Bourgogne par son style mêlé de roman et de gothique, et où l'on peut admirer un ambon des plus rares implanté sur un curieux jubé.

Mais hâtons-nous de revenir à notre sujet principal. Depuis la translation des reliques Alise ne cessa point d'être un lieu de pieux pèlerinage. Les anciens ducs de Bourgogne avaient fondé sur la partie haute du Val-de-Suzon un hospice destiné à recevoir les pèlerins qui se rendaient en grand nombre à Alise. Dans le XVIIe siècle la dévotion à sainte Reine était encore généralement répandue non-seulement en France, mais dans les pays étrangers. Dans une seule année, on

---

coup de marches inégales de hauteur. On croit, non sans fondement, que les reliques de sainte Reine furent cachées dans ce souterrain avec plusieurs autres qui enrichissaient l'abbaye de Flavigny. Cette vaste et curieuse crypte fut pratiquée sous le château, à la place duquel se trouve le jardin. Son propriétaire actuel plein d'un zèle éclairé s'occupe de faciliter les abords de cette crypte, et Flavigny lui sera redevable de la restauration d'un monument qui pour le moins accuse une antiquité de dix ou onze siècles. Nous l'avons visitée en septembre 1857.

comptait par dizaines de milliers les personnes de tout sexe et de toute condition qui y affluaient.

Quel était le but principal de ces pèlerinages? La renommée des miracles de guérison qui s'opéraient surtout à la fontaine qui existe encore auprès de l'ancienne église du couvent des Cordeliers dont nous aurons à parler. On croit que c'est en cet endroit même que sainte Reine fut décapitée et que la fontaine y jaillit miraculeusement après son martyre.

L'abbé Courtépée, dans son grand ouvrage qui a pour titre : *Description générale et particulière du duché de Bourgogne*, 2e édition, tome III, rapporte un trait relatif à un très-haut personnage qui ne dédaigna pas d'entreprendre le pèlerinage des eaux de Sainte-Reine. Nous laissons parler cet estimable auteur : « Casimir V, exemple singu-
» lier des bizarreries de la fortune et de celles de l'esprit
» humain, après avoir abdiqué la couronne de Pologne, en
» 1668, devint abbé de Saint-Germain-des-Prés, à Paris.
» On le vit à Semur en allant prendre les eaux de Sainte-
» Reine, en 1672; il logea à *l'Arbre-Verd*, dans la
» grand'rue, où les *cimaises* lui furent portées. Après avoir
» pris les eaux pendant un mois, il revint à Semur où il
» fut complimenté par les magistrats dans la même auberge.
» Le comte de Bussi, dans ses lettres, parle beaucoup du
» séjour de Casimir à Sainte-Reine. Une femme du peuple
» à Evreux, où il avait l'abbaye de Saint-Taurin, l'ayant ap-
» pelé *mon révérend père*, chacun se prit à rire : Elle a
» raison, répondit gravement Casimir; j'ai été jésuite à
» Rome, et par conséquent Révérend Père ; j'ai été cardi-
» nal, et les cardinaux sont les Pères de l'Eglise; j'ai été
» roi; ainsi père de mon peuple; je suis abbé, et saint
» Paul ne dit-il pas : *Abba, Pater ?* » (1)

---

(1) Casimir V n'était donc plus roi de Pologne, depuis quatre ans, lorsqu'il vint à Alise. La maison qu'il y habita subsiste encore non loin de la fontaine, et le propriétaire actuel est M. Morey marchand de nouveautés, qui y a fait plusieurs modifications.

Nous arrivons maintenant à deux faits très-importants pour l'histoire d'Alise-Sainte-Reine. Nous voulons parler de deux établissements, qui sont un couvent de cordeliers et un hôpital pour les pèlerins.

Depuis la fusion de sa vieille abbaye avec celle de Flavigny, et la translation des reliques de sa sainte patronne, Alise n'était plus qu'une bourgade sans autre relief que le renom de son ancienne gloire et l'affluence des pèlerins. Ceux-ci, comme l'indique leur nom, n'y étaient qu'en passant, et la localité restait la plupart du temps dans son triste isolement. Enfin, en 1644, la reine-mère Anne d'Autriche, à la sollicitation du duc de Longueville, et sur les demandes réitérées des habitants, résolut d'y fonder un couvent de cordeliers. Une église y fut élevée, et la première pierre en fut posée au nom de la reine par le premier président. Les bâtiments claustraux furent construits en même temps, et le nouveau monastère fut enrichi de propriétés considérables au milieu desquelles il était placé. Au lieu de fonder cette nouvelle maison religieuse sur l'emplacement de celle qui avait disparu depuis des siècles, on préféra le voisinage de la fontaine miraculeuse. Peut-être qu'il n'était pas possible de bâtir sur l'ancien terrain, puisque nous lisons que les évêques d'Autun y possédaient une maison de campagne qui depuis longtemps est détruite (1). Nous n'avons pas besoin de dire que ce couvent de cordeliers n'existe plus depuis la révolution de la fin du siècle dernier. Une partie de l'ancienne église seulement est en voie de restauration pour devenir un oratoire spécial en l'honneur de sainte Reine. Ce n'est plus que la nef de l'édifice primitif dont son propriétaire, M. Jacob père, a fait le généreux abandon à la bonne œuvre. Grâce

---

(1) Nous avons vu chez le sieur Calabre, dont nous avons parlé dans notre première partie, une pierre qui servait de couronnement à une croisée de cette maison et sur laquelle est sculptée en relief une crosse épiscopale.

au zèle de M. Parisot, curé de la paroisse, des excellentes sœurs qui desservent l'hôpital, et en général des habitants de la commune, ce modeste oratoire rappellera le souvenir de l'abbaye du Ve siècle et du couvent des cordeliers du siècle dernier.

Nous n'avons point à nous occuper d'une grave dispute qui jadis eut un grand retentissement entre les religieux bénédictins de Flavigny et les cordeliers d'Alise-Sainte-Reine. Ceux-ci prétendaient posséder un bras de sainte Reine, ceux-là produisaient les deux bras de la martyre. Il paraît constant qu'à la prière du duc de Longueville, qui était à Munster en 1648, l'église d'Osnabruck avait concédé au père François, cordelier et confesseur de ce grand personnage, un bras extrait d'une châsse de sainte Reine honorée en cette ville. Or nous avons dit plus haut que la sainte dont les reliques étaient à Osnabruck n'était pas la même que celle martyrisée à Alise (1). A notre avis, les bénédictins de Flavigny répondirent sans réplique possible à leurs compétiteurs. En lui-même, sans nul doute, ce bras venu d'Osnabruck était digne de vénération, mais ne pouvait autoriser les religieux d'Alise à le présenter comme une vraie parcelle de la victime du farouche Olibrius. Tous les incidents de ce long procès figurent dans l'ouvrage de André-Joseph Ansart déjà cité, et n'offrent aujourd'hui qu'un intérêt secondaire.

Un autre établissement fondé à Alise, peu de temps après celui des cordeliers, mérite une attention toute particulière. Nous avons parlé d'un hôpital pour les pèlerins de Sainte-Reine établi sur une hauteur, au Val-de-Suzon. Mais ce ne pouvait être là qu'une hospitalité de rapide passage pour ceux qui accouraient à Sainte-Reine des contrées

---

(1) La légende qui provient d'Osnabruck est évidemment erronée, et une saine critique ne saurait l'accepter. Il n'y a là qu'une déplorable confusion de temps et de lieu.

méridionales. Un refuge plus vaste devait leur être assuré dans le lieu même où ces pèlerins faisaient un séjour plus ou moins prolongé. Nous possédons une vie de saint Vincent-de-Paul publiée récemment par un de ces écrivains solidement imbus des principes chrétiens, et qui consacrent leur plume à des œuvres dont l'influence morale et religieuse est appelée à produire les plus excellents résultats. Nous allons extraire, sur la fondation de l'hôpital de Sainte-Reine, le récit qu'en a tracé M. le vicomte Marie-Théodore de Bussierre, dans son *Histoire de saint Vincent-de-Paul*, édition de 1850 en deux volumes in-8º, chapitre X du second volume :

« Dès avant le départ du père Sylvestre, dont nous avons
» parlé au précédent chapitre, M. Des Noyers, bourgeois de
» Paris, était revenu avec sa femme des eaux de Sainte-Reine
» en Bourgogne. Les effets de la source et les miracles
» nombreux que Dieu opérait au tombeau de cette illustre
» martyre y attiraient tous les ans un grand nombre de
» malades et de pèlerins. Des Noyers avait été surpris et
» affligé en voyant ces pauvres gens, pour la plûpart souf-
» frants et fatigués, obligés de passer les nuits dans les
» granges ou sur le pavé des rues. Les ressources spiri-
» tuelles leur manquaient aussi complètement que les se-
» cours temporels, le digne bourgeois fit part à son direc-
» teur de ce qu'il avait vu, et ajouta que lui et sa femme
» se sentaient poussés à aller s'établir à Sainte-Reine pour
» se consacrer au service des pèlerins les plus pauvres et
» les plus abandonnés.

» Ils partirent en 1658; quelques-uns de leurs amis s'as-
» socièrent à leur pieuse entreprise. Mais ils reconnurent
» que l'œuvre dépassait leurs forces : une maison vaste et
» commode leur eût été nécessaire pour loger ceux aux-
» quels ils voulaient donner leurs soins charitables. Leurs
» moyens ne leur permettaient pas de la bâtir, mais ils
» ne se découragèrent point; ils mirent leur espérance en
» Dieu, et après lui en saint Vincent-de-Paul, qu'ils appe-
» laient le grand intendant du Seigneur.

« Des Noyers se rendit à Paris avec plusieurs de ses as-
» sociés. Notre saint, qu'ils consultèrent, donna de grands
» éloges à leur projet, mais ne leur en dissimula point les
» difficultés. Il savait que le pieux baron de Renty avait
» déjà voulu l'entreprendre et qu'il avait échoué. Il enga-
» gea donc ces messieurs à faire une retraite spirituelle et
» et à demander à Notre-Seigneur de les éclairer.

« Ils suivirent ce conseil, et vinrent retrouver saint Vin-
» cent-de-Paul, affermis dans leur bonne intention. Le
» saint leur déclara alors que le dessein venait de Dieu et
» et qu'il en tirerait sa gloire. Ils n'avaient réuni encore
» que 10,000 livres, mais il les engagea à commencer har-
» diment la bâtisse de leur hôpital, et à ne songer qu'à bien
» servir les pauvres et à s'humilier. Il les exhorta aussi à
» faire bonne provision de patience parce qu'ils auraient
» des persécutions à essuyer, et que ceux qui devraient les
» appuyer de leur protection seraient les premiers à leur
» susciter des obstacles.

« Des Noyers et ses compagnons de voyage quittèrent le
» saint vieillard après avoir demandé et obtenu sa béné-
» diction. Ils arrivèrent à Sainte-Reine, le 12 mai 1659,
» et, munis de l'autorisation de l'évêque d'Autun, ils se
» mirent à l'œuvre.

« Tandis qu'on bâtissait l'hospice, ils placèrent des lits
» dans les granges et soignèrent les malades. Ils reconnu-
» rent bientôt la vérité de la prédiction du saint. L'envie
» et la jalousie leur occasionnèrent de grandes traverses ;
» mais en ayant été avertis à l'avance par Vincent, ils
» n'en continuèrent pas moins leurs préparatifs et leurs
» travaux : ils pressèrent si fort l'ouvrage que déjà en 1660
» les pèlerins purent être admis dans leur nouvelle de-
» meure. Vincent d'ailleurs ne leur manqua point ; il trouva
» moyen de réunir et de leur envoyer l'argent et les secours
» dont ils avaient besoin. La reine Anne d'Autriche prit
» l'hôpital de Sainte-Reine sous sa protection et lui fit ac-
» corder de grands priviléges par lettres-patentes que le
« parlement de Dijon enregistra.

« Cet hospice prit rapidement d'immenses développe-
» ments; outre trois ou quatre cents malades qui y étaient
» à poste fixe, on y recevait annuellement plus 20,000 pè-
» lerins et autres voyageurs de tout âge, de tout sexe, de
» de toute nation et de toute religion, et on leur donnait
» l'assistance corporelle et spirituelle qu'ils réclamaient.

« On y établit de vertueux ecclésiastiques et des filles
» de la charité, et bien des malheureux qui arrivaient ma-
» lades du corps et plus encore de l'âme, y recouvraient
» pleinement la santé de l'un et de l'autre ».

Qu'il nous soit permis de demander si l'inspiration philosophique des prétendus esprits-forts, qui ne veulent voir dans le martyre de sainte Reine, qu'un symbolisme de la défaite des Gaulois, serait capable d'enfanter une œuvre de miséricorde et de charité pareille à la fondation de cet hôpital? Toutes les *sensibleries* philantropiques de ces grands parleurs de pitié pour l'infortune n'ont pu produire jusqu'à ce moment et ne pourront produire jamais que des déclamations toujours creuses et vides, si quelquefois elles ne sont pas des leurres désastreux et des propagandes de révolutions sacriléges. Figurez-vous le charitable Des Noyers et ses vertueux compagnons élevés à l'école de cette emphatique et dédaigneuse philosophie dont nous parlons, et l'hôpital de Sainte-Reine ne serait pas même à l'état d'idée et de projet, parce que l'égoïsme incroyant se borne à plaindre le malheur, mais ne lui prête pas un appui généreux et désintéressé.

Bénie soit donc la mémoire du bourgeois parisien et de ses pieux associés, bénie celle du grand saint Vincent-de-Paul qui encouragea si efficacement leur entreprise traversée par tant d'obstacles et qui prospère encore au moment où nous écrivons ces lignes!

L'hôpital de Sainte-Reine est desservi avec cet admirable dévouement que n'ont jamais cessé de montrer les si méritantes filles de la charité de saint Vincent-de-Paul. Il est pour toute la contrée un lieu de refuge assuré pour les malades, les infirmes, les orphelines, les voyageurs, les pèlerins, les invalides de l'agriculture, les affligés pauvres de la localité. L'œuvre a pu traverser les tempêtes révolutionnaires du siècle dernier et depuis le retour du calme elle n'a cessé de s'améliorer. De nouveaux bâtiments sont venus s'édifier près des anciens. Les personnes qui viennent chercher un remède ou un soulagement à des maladies surtout cutanées y sont reçues dans des habitations confortables et peuvent y prendre des bains de toute nature dans des cabinets d'une élégante propreté. Les Bénédictins de Flavigny, les Cordeliers d'Alise ont été emportés par le temps qui dévore, et l'hôpital de Sainte-Reine est encore debout. Une très belle chapelle est annexée à cet établissement. Elle date à peu près de la fondation primitive.

D'après notre plan auquel nous voulons rester fidèle, nous n'entrerons pas dans de plus nombreux développements historiques. D'autres l'ont fait ou le feront plus tard. Nous ne pouvons pas cependant nous abstenir de dire quelques mots sur la position de cet hôpital et sur le pays qui doit en être fier.

A une distance égale à peu près du sommet du mont Auxois et de la plaine des Laumes, qui s'étale à sa base, par conséquent, sur cette déclivité abrupte faisant face à l'ouest, ont été pratiquées de longues et larges terrasses soutenues par des murs solides. Sur la seconde de ces terrasses qui est la plus vaste, l'hôpital déploie sa principale façade, au pied de laquelle s'étend un magnifique jardin se prolongeant au-dessous de la cour d'honneur par laquelle on arrive à la chapelle par la grande porte de l'établissement qui regarde le midi. Cette cour est une terrasse à peu près carrée, le long de laquelle, dans la même direction que le corps de l'hôpital, mais en arrière du plan, du côté de l'est, s'élève un beau bâtiment qui, par celui de la chapelle, va se relier au massif dans la seconde cour où sont les bûchers, la cuisine, les salles des orphelines, et les appartements occupés par les sœurs. Tous ces corps de logis regardent l'est et sont dominés par le mont Auxois qui leur fait face.

Au-dessous du jardin, vers l'ouest, sont d'abord une vaste vigne et puis à gauche vers le sud, un second jardin et une prairie. Tout l'enclos, sur ses quatre faces, est fermé de bons murs. Les bains et les logements destinés aux baigneurs occupent dans l'enclos l'angle qui est au nord du jardin et de la vigne, au-dessous de l'aile du corps de bâtiment principal qui se prolonge dans la même direction. La chapelle sépare les salles des hommes de celles des femmes. Le portail pyramidal, surmonté du très élégant campanille de cette chapelle, stimule l'attention du visiteur qui entre par la principale porte de l'hôpital. Celle-ci s'ouvre sur une rue dont le parcours depuis la plaine jusqu'au sommet du bourg est d'un escarpement des plus âpres et des plus pénibles.

De cette élévation qui n'est pas à moins de 76 mètres au-dessus de la plaine des Laumes, quand on se place au pied du principal corps de bâtiment, sur la petite terrasse qui en longe les murs, on jouit d'une perspective grandiose, dans la direction de l'ouest. On admire au-dessous de l'enclos la longue et spacieuse plaine des Laumes, sillonnée à droite par le chemin de fer de Paris à Lyon et la rivière d'Ose. Au-dessus s'élance par une côte couverte de vignes et de bois, le mont Rhéa derrière lequel est situé le village de Ménétreux-le-Pitois; en face, dans la plaine, le village des Laumes où se trouve une station; plus loin sur le long côteau, qui court du nord au sud, les villages de Grignon, de Lantilly, de Mussy : sur le canal de Bourgogne, au bas de ce côteau, le village de Vénarey, et plus loin ceux de Pouillenay et de Chassay. La rivière de Brenne est côtoyée par le canal dont le chemin de halage est ombragé d'un long rideau de peupliers. Si l'on porte ses regards vers la gauche et le sud, on voit assis sur sa large base le mont Druaux dont les escarpements étagés sont des champs au-dessous desquels s'étendent des prairies, et plus loin, en se dirigeant vers Flavigny, des vignes et des bois. Ce panorama offre en vérité un coup-d'œil des plus saisissants. Derrière ce long côteau de l'ouest, l'idée se transporte à Semur, auquel conduisent deux routes, l'une par Pouillenay et l'autre par Vénarey et au-dessous de Lantilly. N'omettons pas de mentionner la belle église gothique de Semur en l'honneur de Notre-Dame, monument des plus curieux de la Bourgogne qui en est si riche.

Deux sources d'eau limpide et saine fournissent abondamment aux besoins de l'établissement. La première y arrive par des canaux dont le parcours est de 1,500 toises, c'est-à-dire 3,000 mètres. Elle part de l'extrémité orientale du mont Auxois. La seconde se forme de plusieurs sources réunies, conduites également par des canaux, et l'eau de celles-ci alimente les bains. L'abbé Courtépée à qui nous empruntons ces détails dit qu'elle « est reconnue savon-
» neuse, minérale et très salutaire pour les maladies cuta-
» nées, par François Doucet, habile chirurgien de Frolois, »
dans un écrit composé en 1778. Une expérience constante confirme cette assertion.

VARIÉTÉS.

Sous ce titre nous consignerons quelques détails qui auraient interrompu le fil de notre récit, mais qui peuvent intéresser les lecteurs de ce modeste précis.

On trouve des preuves incontestables de l'importance d'Alise sous la domination romaine dans l'existence de plusieurs vestiges qu'on ne saurait attribuer à l'époque purement gauloise.

L'historien latin Florus a pu dire qu'aussitôt après la défaite des Gaulois la ville fut saccagée et même si l'on veut renversée, mais on sera bien forcé d'admettre que peu de temps après elle fut reconstruite, puisque les conquérants la firent traverser dans toute sa longueur par une voie qui est encore aujourd'hui parfaitement visible. D'autres voies venaient y aboutir de plusieurs points et les vestiges n'en sont pas moins apparents. Il est évident même que sous ses nouveaux maîtres Alise devint beaucoup plus florissante qu'au temps des Gaulois. Les colonnes, les chapiteaux, les soubassements, les vases, etc., qu'on en a extraits, et qu'on y découvrirait encore si l'on faisait des fouilles, le démontrent surabondamment. Il est constant d'ailleurs qu'aux siècles suivants cette villa fut ravagée, incendiée par les barbares du Nord. On conviendra bien qu'on n'incendie ni ne ravage pas des ruines et des décombres. On peut estimer que la chute d'Alise est contemporaine de celle de l'empire romain.

Après la ruine définitive d'Alise, on croit avec fondement que la ville de Semur devint la capitale de toute cette ancienne contrée qu'habitaient les Mandubes ou Maudubiens gaulois, alliés et clients des Eduens. Cette ville dont le nom latin varie dans les anciennes chartes en *Sinemurum*, *Sinamarum*, *Senemurium*, *Samurium*, *Semurium*, remonterait, selon quelques chroniqueurs, à 1238 ans avant Jésus-Christ et aurait pour fondateur Hercule revenant d'Espagne. Il est plus raisonnable de penser qu'elle n'exista qu'à dater de la ruine d'Alise, comme il vient d'être dit. Le P. Monet, dans sa géographie de l'ancienne Gaule, nomme Semur *clarum et vetus oppidum, Mandubiorum hodie metropolis*, célèbre et vieille ville, aujourd'hui capitale des Mandubiens. On voit surtout ressortir de ces divers avis que le peuple Mandube ou Mandubien habitait, non pas les rives du Doubs ou de la Saône, mais la contrée où s'élevait l'Alésia des Gaulois qui en était la puissante forteresse. C'est ce que prouvent plus que jamais les monnaies que possède M. de Saulcy, dont nous faisons mention dans notre première partie.

Le pays d'Auxois, *pagus Alesiensis, Alsensis*, fut jadis un comté très considérable. Ce territoire embrassait l'Avallonais et le Duémois. L'abbé Courtépée nous apprend qu'au milieu du XIe siècle, après la mort du comte Etalde, Eudes Ier réunit ce comté à son duché. Avant la révolution de 89, l'Auxois formait un bailliage dont Semur était la capitale. Depuis la division de la France en départements et depuis la création des sous-préfectures sous le consulat de Bonaparte, Semur a reconquis en quelque sorte son ancien bailliage, sous les formes nouvelles, en devenant le chef-lieu d'un arrondissement qui renferme six cantons et cent quarante-trois communes, avec une population qui dépasse soixante-dix mille âmes. Alise-Sainte-Reine en fait partie, dans le canton de Flavigny, mais cette commune se borne presque au bourg même et contient environ sept cents habitants. L'Auxois est un pays de montagnes, mais ce terme n'a pas ici la signification qu'on lui donne ailleurs. Ce sont, il est vrai, des gorges encaissées entre des plateaux, mais ces vallées plus ou moins étroites produisent des vins assez estimés, des céréales de très bonne qualité, des fourrages, des fruits très savoureux, des bois de toute nature, tandis qu'on récolte sur les plateaux des froments et d'autres grains qui enrichissent le pays et qui le rendent digne de faire partie du département qui porte le nom si expressif de Côte-d'Or. On a pu dire à juste titre que Bacchus et Cérès y font bon ménage. L'abbé Courtépée cite Leauté, auteur ancien des *Antiquités d'Autun* qui appelle l'Auxois : *Altera Parisiorum mamma,* la seconde mamelle nourricière des Parisiens. Nous ajouterons par expérience qu'à Alise-Sainte-Reine surtout l'air est d'une admirable pureté, à cause de la situation de ce lieu au centre d'un horizon des plus étendus.

Il nous reste à faire connaître un vœu dont tout ami des illustrations historiques doit, selon nous, désirer l'accomplissement. En un temps comme le nôtre où l'on cherche à faire revivre dans notre France les souvenirs justement fameux, nous voudrions voir s'élever à Alise un monument qui rappellerait la lutte de l'indépendance gauloise contre l'envahissement des Romains. Ce monument a sa place marquée sur la pointe extrême du plateau d'Alise qui domine à l'ouest la plaine des Laumes, cette pensée que nous avons tant de fois caressée a reçu une intelligente sanction de la part d'un éminent personnage dont la plume savante a défendu en 1857, avec un brillant succès, la cause de la vérité contre les prétentions paradoxales parties des rives du Doubs. M. Rossignol, de Dijon, sans avoir préjugé ma pensée, me fit part de la sienne qui tendait au même but. A lui donc et à ses doctes collègues de l'Académie de Dijon de déterminer la forme de ce monument, et leur goût éclairé ne peut manquer de réunir toutes les sympathies.

Pour tout ce qui regarde la partie spécialement religieuse on lira avec fruit le livre qui a pour titre : *Le pèlerin de Sainte-Reine ou légende et pèlerinage de Sainte-Reine d'Alise,* par M. l'abbé TRIDON, *prêtre-missionnaire, chanoine honoraire de Troyes.* C'est au zèle de ce vénérable ecclésiastique que la paroisse d'Alise-Sainte-Reine est redevable du rétablissement de la dévotion séculaire envers l'héroïque martyre du IIIe siècle. C'est à M. Tridon que l'on doit le projet de restauration de l'ancienne chapelle des Cordeliers où sera fixé le point central du pèlerinage, auprès de la source miraculeuse.

Un sentiment de convenance nous inspire la pensée de faire connaître les noms de MM. les administrateurs actuels de l'hôpital de Sainte-Reine. Ce sont MM. Guéneau, docteur médecin, maire d'Alise-Sainte-Reine; Parisot, curé de la paroisse et aumônier de l'établissement; de la Ferté, maire de Ménétreux; Gimelet, maire de Bussy; Roussin jeune, propriétaire à Alise-Sainte-Reine; Moreau, propriétaire à Alise-Sainte-Reine.

M. Beaufort en est médecin adjoint, — M. Tiersot, économe, — M. Nicolas, receveur.

FIN.

SUPPLÉMENT.

Pendant l'impression de cet opuscule, il a paru un article fort remarquable sur la discussion ouverte entre Alaise-lez-Salins et Alise-Sainte-Reine. Il ne contient pas moins de 80 pages, grand in-8°, dans la publication connue sous le nom de : *Revue des Deux-Mondes*. Cet article est dans le numéro de la 28e année, 2e période, tome XVe, 1re livraison, sous la date du 1er mai 1858. On s'abonne à cette importante publication, à Paris, rue Saint-Benoit, n° 20. L'article dont nous parlons formerait en un in-8° un livre qui aurait au moins 200 pages. On y a ajouté une carte qui figure les deux positions d'Alaise et d'Alise placées côte à côte.

L'auteur de ce travail si consciencieux et si détaillé, en même temps qu'il est d'une clarté parfaite, n'habite pas en ce moment la France pour des raisons d'une haute politique. C'est, puisqu'il faut le nommer, le prince Henri-Eugène-Philippe-Louis d'Orléans, duc d'Aumale.

Le noble auteur entre dans les détails stratégiques les plus intimes. Il fait impartialement et avec une extrême modération à chacun des contendants la part qui lui revient. Il cite d'un côté MM. Delacroix, Desjardins, Toubin, Quicherat, partisans d'Alaise; de l'autre, MM. Rossignol, de Coynart, l'Académie des Inscriptions et Belles-lettres pour Alise, et après avoir scrupuleusement examiné les lieux, il se prononce pour Alise-Sainte-Reine, en répondant victorieusement à la dernière brochure de M. Quicherat, intitulée : *Conclusion pour Alaise-lez-Salins*. Pour lui, l'Alise bourguignonne est décidément la célèbre Alésia de César.

Nous nous bornons à mentionner une seule observation frappante, parmi tant d'autres dont l'œuvre du prince duc d'Aumale est remplie. M. Quicherat, le plus ardent défenseur d'Alaise-lez-Salins, prétend prouver qu'Alise-Sainte-Reine n'est pas l'Alésia de César, par le texte où ce conquérant dit qu'il détourna les eaux *de la rivière* pour en remplir ses fossés de contrevallation. Or, comme dans le texte de César il est question de *deux rivières* qui entouraient Alésia, M. Quicherat soutient que cela ne peut convenir à Alise. Le bas de la montagne escarpée d'Alaise-lez-Salins est sillonné par la rivière du Lison et c'est de cette rivière que, selon M. Quicherat, César prit les eaux pour inonder ses fossés. Le duc d'Aumale lui demande comment le général romain aurait pu s'y prendre pour faire entrer les eaux du Lison dans des fossés dont le niveau s'élevait très considérablement au-dessus de cette rivière. C'est tout comme si l'on avait voulu à Alise-Sainte-Reine faire monter les eaux de l'Ose sur le col qui la sépare de l'Oserain, vis-à-vis de Flavigny, ou même sur le mont Plévenel qui domine la Ravouse et Munois !!! Une seule supposition de ce genre anéantit tous les arguments de M. Quicherat et prouve irrésistiblement que l'Alésia de César n'est et ne peut être qu'Alise-Sainte-Reine. Ici, en effet, on conçoit parfaitement qu'on a pu pratiquer une digue sur l'Ose ou sur l'Oserain pour remplir d'eau les fossés de circonvallation, car la nature du terrain s'y prête admirablement. Nous reconnaissons dans M. Quicherat beaucoup de verve, beaucoup d'éloquence, beaucoup d'imagination, mais tout cela ne suffit pas pour nous faire accepter des impossibilités dont Dieu seul peut triompher, en comblant les vallées et en effaçant les montagnes.

Nous venons de lire dans la *Revue du Lyonnais*, livraison du mois de mai 1858, une ode qui a pour titre VERCINGÉTORIX. L'auteur de cette pièce fort remarquable est M. Rollin, capitaine au 10e régiment de dragons. Nous en extrayons quelques strophes parfaitement dignes de terminer notre faible essai sur Alise-Sainte-Reine, qui fut le principal théâtre de la bravoure du chef gaulois.

> Pourquoi vanter toujours certains héros antiques ?
> C'est assez applaudir aux vertus de Caton !
> C'est assez s'inspirer d'élans patriotiques
>   Au tombeau d'Aristogiton !
> Je fouille ! ô mon pays ! dans ton martyrologe,
> N'est-il pas, dites-moi, digne d'un tel éloge,
>   Et de plus de célébrité,
> Ce Vercingétorix, qui dans son noble rêve,
> O Gaule ! de César voulut briser le glaive
>   Et mourut pour ta liberté ?
>
> A l'appel belliqueux qu'il fait dans Gergovie,
> Bientôt de l'Armorique aux rives de l'Isar,
> Les Gaulois indomptés, dédaigneux de la vie,
>   Se sont ligués contre César.

Qui les arrêterait lorsque la charge sonne ?...
César.... ils le vaincront; voyez-le qui frissonne
           Sous leur impétuosité.
Fils de Brennus, courage.... et votre territoire
Est libre.... Mais déja l'inconstante victoire
           Trahit leur intrépidité.

Je le vois repoussé dans les remparts d'Alise
Le héros qui t'arma contre tes oppresseurs
O Gaule! dans un jour qui les immortalise
           Je vois tomber tes défenseurs!
En vain sur l'ennemi fondant tête baissée
Leur sublime valeur, hélas! s'est surpassée :
           Trahis par le sort des combats
Ils ne se plaignent pas; ton amour les anime,
Mais Vercingétorix, le guerrier magnanime
           Va s'immoler pour ses soldats.

Qu'on amène au héros son cheval de bataille ;
Une larme, une seule a coulé sur sa main ;
Sous ses armes de guerre il relève sa taille
           Et marche vers le camp romain.
Aux pieds du proconsul, là, jetant casque et lance
Il tend aux fers ses bras, noble dans son silence
           Et triste, sans être abattu.
Hélas! six ans plus tard, à la honte de Rome,
La hache d'un licteur frappait dans ce grand homme
           L'héroïsme de la vertu.

Toulouse. — Imprimerie de J.-B. Cazaux.

www.ingramcontent.com/pod-product-compliance
Lightning Source LLC
LaVergne TN
LVHW021009090426
835512LV00009B/2151